阅读中国 · 外教社中文分级系列读物
Reading China SFLEP Chinese Graded Readers

U0558650

总主编　程爱民

游历神州

Trips Throughout China

编　者　陆嘉辰

六级主编　鹿钦佞

六级
5

上海外语教育出版社
SHANGHAI FOREIGN LANGUAGE EDUCATION PRESS

编委会

主　任　姜　锋　上海外国语大学
　　　　王　宁　上海交通大学 / 清华大学

主　编　程爱民　上海交通大学 / 南京大学

编　委

赵　杨　北京大学
吴应辉　北京语言大学
祖晓梅　南开大学
罗剑波　复旦大学
赵文书　南京大学
王玉芬　浙江大学
王爱菊　武汉大学
张艳莉　上海外国语大学
李春玲　中央财经大学
王　骏　上海交通大学
李佩泽　汉考国际教育科技（北京）有限公司
王锦红　中文联盟

主编的话

每个学习外语的人在学习初期都会觉得外语很难，除了教材，其他书基本上看不懂。很多年前，我有个学生，他大学一年级时在外语学院图书室帮忙整理图书，偶然看到一本《莎士比亚故事集》，翻了几页，发现自己看得懂，一下子就看入了迷。后来，他一有空就去图书室看那本书，很快看完了，发现自己的英语进步不少。其实，那本《莎士比亚故事集》就是一本牛津英语分级读物。这个故事告诉我们，适合外语学习者水平的书籍对外语学习有多么重要。

英语分级阅读进入中国已有几十年了，但国际中文分级教学以及分级读物编写实践才刚刚起步，中文分级读物不仅在数量上严重不足，编写质量上也存在许多问题。因此，在《国际中文教育中文水平等级标准》出台之后，我们就想着要编写一套适合全球中文学习者的国际中文分级读物，于是便有了这套《阅读中国·外教社中文分级系列读物》。

本套读物遵循母语为非中文者的中文习得基本规律，参考英语作为外语教学分级读物的编写理念和方法，设置鲜明的中国主题，采用适合外国读者阅读心理和阅读习惯的叙事话语方式，对标《国际中文教育中文水平等级标准》，是国内外第一套开放型、内容与语言兼顾、纸质和数字资源深度融合的国际中文教育分级系列读物。本套读物第一辑共 36 册，其中，一——六级每级各 5 册，七一九级共 6 册。

读万卷书，行万里路，这是两种认识世界的方法。现在，中国人去看世界，外国人来看中国，已成为一种全球景观。中国历史源远流长，中国文化丰富多彩，中国式现代化不断推进和拓展，确实值得来看看。如果你在学中文，对中国文化感兴趣，推荐你看看这套《阅读中国·外教社中文分级系列读物》。它不仅能帮助你更好地学习中文，也有助于你了解一个立体、真实、鲜活的中国。

程爱民

2023 年 5 月

目录

第一章

云南

云南，简称"云"或"滇"，位于中国西南地区，历史文化悠久，自然风光秀丽，是人类文明重要发祥地之一。云南省是中国动物、植物种类最多的省份，被称为"动植物王国"。

超纲词

简称 | jiǎnchēng
to be called sth. for short

悠久 | yōujiǔ
long-standing

秀丽 | xiùlì
beautiful

发祥地 | fāxiángdì
birthplace

省份 | shěngfèn
province

王国 | wángguó
kingdom

昆明，云南省的省会，被称为"春城"，气候温和，四季如春，鲜花常年开放，草木四季常青，是休闲、旅游、居住的理想之地。

在昆明烤太阳[1]

范稳

对于许多人来说，昆明是一座遥远而陌生的高原城市，五朵金花[2]和阿诗玛[3]是它的女儿，五百里滇池[4]和西山睡美人[5]是它的邻居，四季如春的气候和蓝天白云下的南国风情是它的骄傲。说不定还可以看见老虎狮子大象什么的在街头散步，不少第一次来昆明的外地游客都带着这样的幻想。

昆明给人一种悠闲、宁静的感受，有点像一个有钱又寂寞的妇女，在中国南方的角落里过着一种没有压力、轻松自在的生活。在昆明的街头，你很少看见走路很快的人，也很

[1] 为降低阅读难度，编者对本书中的部分文章进行了一定程度的改写。
[2] 中国20世纪50年代末的一部著名音乐爱情电影。
[3] 一个流传在云南的民间传说。
[4] 又名昆明湖，有"高原明珠"之称。
[5] 指昆明西山群峰，因其像仰卧的少女，故称"睡美人"。

少见到大群的产业工人。

冬天的阳光尤其让这座城市明亮温暖，也让它显得悠闲舒适。昆明话不说"晒太阳"，而说"烤太阳"，就像北方人说烤火一样，足以看出昆明太阳的热力。"烤太阳"是昆明生活的特有专利，北方的城市冬天里即使有太阳，也没什么用，跟月亮的光没有什么两样；南方的许多城市冬天里的天空总是很低，太阳要出来就像过节一样。只有昆明冬日温热的阳光，烤在人身上让你真实地感受到热，让你想到爱，让你有一种被温暖拥抱的感觉。在这种环境里，人懒一点就懒一点吧，该享受阳光就享受阳光吧。许多人还花钱从北国跑到南方的海边去"烤太阳"呢。昆明人不用那么费力，自己抬个凳子坐在家门口就能享受生活了。一些老昆明人，男人烤太阳，女人还给他搬凳子，让他跟随阳光的脚步一同烤到太阳西沉。不要认为这样的男人被太阳烤懒了，连凳子也懒得搬，换了你有这么好的阳光，还拥有这样好的一个女人，你也不会放过这种人生福气。

而昆明的夏天则更令人感到舒适。这是一座没有汗水的城市，是一座不需要空调的城市。到了雨水时节，整座城市都是湿的，充满凉意，昆明人有"一雨便成冬"的说法。街上穿什么的都有，裙子、T恤、毛衣。气温一到28度，昆明人就嚷：热啦真热啊。完全忘记了这个季节，多少城市还在高温下煎熬着。常常一个夏天过去，昆明都没有一天超过30度。你要是不主动运动，几乎就不会出汗。

舒适的气候让昆明人的性格普遍温和，让这座城市也显得淡定自在，外面的热闹似乎和它没有多少关系。

……

本级词

足以 | zúyǐ
enough, sufficiently

懒 | lǎn
lazy

一同 | yìtóng
together

时节 | shíjié
season

超纲词

凳子 | dèngzi
stool

福气 | fúqi
good fortune

汗水 | hànshuǐ
sweat, perspiration

凉意 | liángyì
feeling of coolness

嚷 | rǎng
to shout

煎熬 | jiān'áo
to suffer

淡定 | dàndìng
calm, composed

3

香格里拉，藏语意为"心中的日月"，是一片少有的完美保留自然生态和民族传统文化的净土，是"一个永恒、和平、宁静之地"。

梦幻香格里拉

范稳

香格里拉是一座适合做梦的城市。这座城市的高度对许多人来说是一个挑战，海拔三千三百多米。缺氧除了让人头疼胸闷外，也许还会让人产生幻觉，不知道今天是哪一年哪一天了。

在藏区[1]，香格里拉的海拔并不算高，而且，这里四周有茂密的森林，满地的绿草，旁边还有雪山，空气清新。所谓高原反应，大多不过是来到这里的人们自己吓自己。当他们身处梦境一般的藏区风光中时，往往不敢相信人间真有如此宁静祥和的世外桃源[2]。

不错，香格里拉这个词本身就是一个外来词。20世纪30年代英国作家詹姆斯·希尔顿在一部小说《遥远的地平线》中，创造了"香格里拉"这个词汇，书中的故事就发生在一

[1] 指在云南的藏族人生活的地方。
[2] 理想中安乐而美好的地方，或空想脱离现实的地方。

个叫"香格里拉"的地方。

据说，后来这个名词在英语里代表"遥远而迷人的地方"，在法语中的意思是"人间仙境"，西班牙语里叫"天堂"，而在汉语里，我们可以把它理解为陶渊明[1]生活过的地方。过去它叫中甸，更早以前叫建塘，是一座充满了酒歌、轻舞、花香、山风、诵经声以及藏民族风情的高原小城。

藏族人认为最理想的居住地应该有雪山、有江河、有千里草地和庄严寺庙，现在我们的香格里拉，一应俱全。

香格里拉县现在分为新城和老城。新城体现出改革开放[2]以来藏区城市建设的迅速发展，马路两边是高大的藏式建筑、五星级的现代饭店、气势磅礴的坛城广场等等。半年不来这座藏区城市，几乎就要迷路。而老城就是过去的建塘古城，仅仅在本世纪初，它还是一座被抛弃的城市，人们都搬到新城去住现代设施完善的水泥楼房。

[1] 东晋诗人，也是中国第一位田园诗人，著有《桃花源记》。
[2] 指1978年以来中国实行的对内改革、对外开放的政策。

本级词

法语 | Fǎyǔ
French

西班牙语 | Xībānyáyǔ
Spanish

天堂 | tiāntáng
heaven, paradise

族 | zú
ethnic group

水泥 | shuǐní
cement

楼房 | lóufáng
building of two or more storeys

超纲词

仙境 | xiānjìng
wonderland

诵经 | sòngjīng
to chant scriptures

庄严 | zhuāngyán
solemn, dignified

寺庙 | sìmiào
temple

一应俱全 | yìyīng-jùquán
available in all varieties

气势磅礴 | qìshì-pángbó
grand and magnificent

迷路 | mílù
to lose one's way

抛弃 | pāoqì
to abandon

5

本级词

镇 | zhèn
town

扎 | zhā
to get into

超纲词

歪 | wāi
slanting

柴 | chái
firewood

残破 | cánpò
broken, dilapidated

怀旧 | huáijiù
to recall the past

相对 | xiāngduì
relatively

完好 | wánhǎo
intact, undamaged

何况 | hékuàng
what's more

发呆 | fādāi
to be in a daze

白日梦 | báirìmèng
daydream

　　记得是在2000年，我到老城区散步，只见房屋歪斜，路上没什么人，偶尔有藏族老人背着柴、赶着牛，在残破的路上默默走过……

　　……

　　但风水轮流转[1]，在人们到处都在怀旧的今天，任何一处地方的古镇，只要保存相对完好，一夜之间便火热起来。地处藏区的建塘古城也不例外，更何况它还具有藏式风情呢。人们这才发现建塘古城的价值，纷纷搬回老城。

　　如今，我一到香格里拉，便一头扎进建塘古城的酒吧里，读书、发呆、做白日梦。

[1]　意思是，事物的好坏、兴衰、得失等状态并不是一成不变的。

6

一、根据文章判断正误。

（ 　　 ）1. 在昆明，一定可以看见老虎狮子大象什么的在街头散步。

（ 　　 ）2. 昆明有许多有钱的妇女，在这里过着安静、舒适的生活。

（ 　　 ）3. 昆明的夏天特别热。

（ 　　 ）4. 香格里拉是藏族人民心目中理想的居住地。

（ 　　 ）5. 现在的香格里拉只剩下破旧的房子和老人了。

（ 　　 ）6. 香格里拉是一座适合做梦的城市。

二、根据文章选择正确答案。

1. 为什么在昆明不说"晒太阳"，而说"烤太阳"？ ＿＿＿＿＿＿

　　A. 因为昆明的白天很长。

　　B. 因为昆明人喜欢用太阳制作食物。

　　C. 因为昆明冬日里的太阳能让人感受到热。

　　D. 因为昆明冬日里的太阳晒得人一点儿也不觉得热。

2. 作者觉得昆明生活的特点是什么？ ＿＿＿＿＿＿

　　A. 很少有白领上班　　　　　　B. 淡定自在

　　C. 很热闹　　　　　　　　　　D. 压力很大

3. 下列哪个不是"香格里拉"的意思？ ＿＿＿＿＿＿

　　A. 遥远而迷人的地方　　　　　B. 天堂

　　C. 最高的地方　　　　　　　　D. 人间仙境

4. 建塘古城为什么会重新火热起来？ _____

    A. 有五星级大酒店和气势磅礴的广场。

    B. 有高大的建筑和宽阔的马路。

    C. 有藏式风情、保存相对完好的古镇。

    D. 有现代设施完善的水泥楼房。

三、思考与讨论。

1. 在寒冷的冬天，你会选择去南方的海边晒太阳，还是到昆明烤太阳呢？

2. 请你说说香格里拉是一座什么样的城市。

3. 如果去香格里拉旅游，你会选择去新城还是老城，为什么？

第二章

广西

广西壮族<u>自治区</u>，简称"桂"，是<u>中国</u>唯一具有沿海、沿边、沿江优势的少数民族自治区。这里自然风光秀丽、民族多元，拥有丰富的文化和历史遗产，也是<u>中国</u>南方重要的旅游目的地。

本级词

沿 | yán
along

超纲词

自治区 | zìzhìqū
autonomous region

多元 | duōyuán
pluralistic

本级词

上帝 | Shàngdì
Lord on High

不至于 | búzhìyú
cannot be so ...

逼 | bī
to force, to push

杂 | zá
mixed

超纲词

享有 | xiǎngyǒu
to enjoy

美誉 | měiyù
good reputation

赐 | cì
to grant, to bestow

美景 | měijǐng
beautiful scenery

界限 | jièxiàn
boundary, dividing line

热带 | rèdài
tropical zone

盛开 | shèngkāi
(of flowers) to be in full bloom

桂花 | guìhuā
osmanthus flowers

向往 | xiàngwǎng
to yearn for

桂林，千百年来享有"桂林山水甲天下"的美誉，是大自然赐给中华民族的一块宝地。

桂林，比想象多一点点

东西

我还年轻的时候就听说，有位来自缺水地区的作家在看到桂林漓江的时候，流下了眼泪，他坐在岸边，说上帝真不公平，竟然没把这么好的山水放在他的家乡。是的，桂林的美景是天赐的。

上天赐给桂林的是四季分明的气候，它的春夏秋冬都有明确的界限，热的时候不至于全身是汗，冷的日子也不至于出不了门。那种热带地区明亮的绿色，那种被太阳逼出来的百花盛开，在桂林的夏天你都可以看得到。秋天有树木的杂色，有满城的桂花香。冬天，在你想雪的时候，雪也许就来了，它挂在青色的山上，让向往雪景的南方人免费体会一次北方。有资料表明，长寿的人群大都生活在四季分明的地方。这种说法，无疑给桂林加分。景色可以复制，树木可以种植，但舒适的气候却是不能用GDP交换的。

其次，上天赐给桂林的就是那些山了。有人说它是"云中的神、雾中的仙"，有人说它是"碧玉簪"[1]，不管怎么说，其目的就是夸奖，就是不把这里的山当成山。城里的山大都一座一座分开，每一座都有它独特的造型，有的像老人，有的像动物，最著名的就是江边那座象鼻山，它是桂林的标志。……但是，桂林的山不仅外表美，内部还有秘密，像七星岩、芦笛岩的深度和宽度分别都有几百米，它们是山的肠和胃，弯弯曲曲里有石乳、石幔、石笋和石柱[2]，有小桥、流水和人家，全都是自然景观，彩灯一打，大多数游客首先想到的词就是"仙境"。很少有一座城市像桂林这样，和山紧紧依靠在一起，随便推开一扇窗就是一幅美丽的画。

当然还有水，这是上天赐给桂林的又一个礼物。两江（漓江、桃花江）和四湖（杉湖、榕湖、桂湖和木龙湖）围绕全城，像镜子一样天天照着这座具有两千多年历史的老

[1] 簪子是中国古代人们用来固定和装饰头发的一种首饰。碧玉簪是由碧玉制成的簪子，这里比喻桂林的山。

[2] 石乳、石幔、石笋、石柱都是洞穴内由溶解的碳酸钙通过滴水沉积而成。

本级词

当成 | dàngchéng
to regard as

弯曲 | wānqū
zigzagging

超纲词

雾 | wù
fog, mist

夸奖 | kuājiǎng
to praise

外表 | wàibiǎo
(outward) appearance

柱 | zhù
pillar

景观 | jǐngguān
landscape

城。在水资源严重缺乏的今天，桂林的水不仅多得有点奢侈，而且还干净得让人流口水。……但是，我觉得桂林的水更像墨，它绕在山与城之间，使桂林有了水墨的影像。因为这水，我们才敢把桂林叫作"水墨之城"。那些学中国画的只要有机会，都会到桂林写生，他们的作品大多是对桂林山水的抄袭。

气候、山水，这样的条件老天赐给了桂林，它还送给了许多城市，关键是上天赐给桂林这些条件后，还对它进行了创作。不信，你就到漓江边去看，那些既独立又爱热闹的山，真的就像有人刻意下的棋。因此，我要说这是一座精心安排的城市，它是上帝的重点工程，是老天的偏爱。

南宁，广西壮族自治区的<u>首府</u>，满城<u>皆</u>绿，四季常青，享有"绿城"的美誉。

南宁，生活的地方

东西

外省市的人经常会问我："<u>南宁</u>在什么地方？"问我的人往往都张大嘴巴，使我不得不把自己从头到脚看上一遍，看看是不是我自己有什么问题。但是仔细一想，觉得他们的<u>惊讶</u>是有道理的。

<u>南宁</u>到底在什么地方？我这个长年居住在<u>南宁</u>的人，也没法说得清楚。这里没出过<u>皇帝</u>，因此我不能说它的历史；这里也没出过什么著名的大事件，所以<u>人文</u>景观极少。……

于是，我说<u>南宁</u>的时候，常常先从<u>桂林</u>说起。<u>桂林</u>恐怕没有多少<u>中国</u>人不知道，它的南边四百多公里的地方就是<u>南宁</u>，<u>南宁</u>再往南两百多公里就是<u>北海</u>。<u>广西</u>两个著名的旅游城市把<u>南宁</u>夹在中间，<u>南宁</u>也就成了大家来旅游一定要经过的地方。

本级词

皇帝 | huángdì
emperor

超纲词

首府 | shǒufǔ
provincial capital

皆 | jiē
all

惊讶 | jīngyà
surprised, amazed

人文 | rénwén
human culture

本级词

宽阔 | kuānkuò
broad, wide

大街 | dàjiē
major street

超纲词

冬装 | dōngzhuāng
winter clothing

酒楼 | jiǔlóu
restaurant

私家车 | sījiāchē
private car

清闲 | qīngxián
leisurely

正经 | zhèngjing
serious

到过南宁的人，我想首先会被它的气候吸引，即使是在冬季，也会有温暖的阳光。这里的阳光很热，居住在这里的人，每年冬天至少可以少花上千元的冬装费。城市不算太大，从这个酒楼到那个宾馆，一不小心就会碰上熟人。还没到见面的时间就提前见面，不想亲切也得亲切。道路被政府部门加宽了好几次，现在很宽阔，加上这里的私家车不太多，所以你根本不用担心会在某个路口堵上一个多小时。……

站在一个清闲的地方，只要一抬头，你会发现欧洲的天空也不过如此。尽管有的人说广东话，有的人说壮语[1]，还有的人说桂柳话[2]，但是一到办正经事，全都说普通话，虽然不太标准。这里被称为广西壮族自治区首府，但除了开重大的会议，很少看见穿少数民族服装的人走在大街上。空气的检测结果，让每一个居住在这里的人放心呼吸。

[1] 中国壮族人说的语言。
[2] 广泛通行于广西中北部地区的方言。

14

这就是<u>南宁</u>，我居住的城市。……

其实，刚到<u>南宁</u>的时候，我遇到了不少考验和困难，曾经无数次地想放弃它。……不会有人相信，在我犹豫的时候，是满眼的绿让我看到了希望，坚定了我留下来的信心。后来，我的亲人和朋友越来越多地来到这里，我的心才像一颗种子落了地，这时我才明白，什么叫作"**人情**才是故乡"。

现在我终于可以说出<u>南宁</u>的具体位置了，它在我亲人的身旁，朋友的家里，在我生活的地方。

超纲词

人情 | rénqíng
human feelings, human nature

一、根据文章判断正误。

（　　　）1. 桂林的美景是人为的。

（　　　）2. 桂林的气候和昆明一样，四季如春。

（　　　）3. 根据资料，长寿的人都住在桂林。

（　　　）4. 象鼻山是桂林最有名的山。

（　　　）5. 南宁在中国是一座特别有名的城市。

（　　　）6. 作者觉得南宁是一个适合生活的地方。

二、根据文章选择正确答案。

1. 那位来自缺水地区的作家来到桂林时被什么感动了？＿＿＿＿＿＿＿

    A. 美景　　　　　　　　　　B. 树木

    C. 山水　　　　　　　　　　D. 五颜六色的花

2. 下列哪项不是上天赐给桂林的？＿＿＿＿＿＿＿

    A. 舒适的气候　　　　　　　B. 清澈的水

    C. 群山　　　　　　　　　　D. 吃不完的美食

3. 关于南宁，下列说法正确的是＿＿＿＿＿＿＿。

    A. 南宁是一座非常有名的城市

    B. 南宁的道路很宽阔，私家车很多

    C. 南宁的气候非常舒适，即使在冬天也很温暖

    D. 南宁的大街上随处可见穿着少数民族服装的人

4. 是什么让作者坚定了留在南宁居住的信心? _____

    A. 南宁是一座大城市。

    B. 南宁的马路宽阔，不会堵车。

    C. 南宁城市里满眼的绿。

    D. 南宁的人都说标准的普通话。

三、思考与讨论。

    1. 你去过桂林吗? 请上网找一些桂林山水的图片，说一说桂林的山有哪些特点。

    2. 作者说"人情才是故乡"，这句话是什么意思?

第三章

广东

前沿 | qiányán
cutting-edge

阵地 | zhèndì
position, front

发源地 | fāyuándì
place of origin

传承 | chuánchéng
to impart and inherit

　　广东，简称"粤"，位于中国南部，是中国经济最发达的地区之一，也是中国改革开放的前沿阵地。广东是岭南文化的发源地和重要传承地，在语言、风俗、生活习惯和历史文化等方面都有着独特风格。

汕头，中国首批四大经济特区之一，有着美丽的自然景观和丰富的潮汕特色美食，是游客不容错过的旅游目的地。

到汕头吃粥去

谢有顺

……我小时候，因为粮食不够，早晚都是吃粥的。两天的粮食，硬要分成六天来煮，那就只能吃粥了。每天早上生产队长到我们家，第一件事就是把饭勺往粥盆里一插，如果饭勺立不住，那就说明米太少了。但是没办法，家里孩子多、粮食少，我们全家只能继续这么吃粥。

后来读到一本《大众粥谱》，才知道，中国人吃粥的花样很多，甚至在公元前两千多年的书上就已经有关于粥的记载了。但在我的记忆中，把粥吃得最有滋有味的，一定要算潮汕人了。

本级词

错过 | cuòguò
to miss

粥 | zhōu
congee, porridge

煮 | zhǔ
to boil, to cook

勺 | sháo
spoon

超纲词

首批 | shǒupī
first batch

特区 | tèqū
special zone

不容 | bùróng
to not allow

谱 | pǔ
recipe

花样 | huāyàng
variety

滋味 | zīwèi
taste, flavour

19

在汕头，粥城遍地都是。不就是吃个粥么，但吃法不同，气派也就不同。你到了汕头，若不吃粥，算是白去了。尽管在汕头附近，有数不清的小吃，油条、豆花、蚝烙、卤猪脚……每一样都那么吸引人，但经典食谱中，还真是缺不了粥。潮汕人称粥为糜，大米粥叫白糜，稀粥叫清糜。现在你在街上吃到的，多半不是稀粥，而是很粘稠、并且加了各种作料的粥。在粥里加什么，就叫什么粥：鱼粥、螃蟹粥、虾粥、菜粥……什么都可以放进粥里，吃起来，味道自然也就丰富多变了。多数的粥，其实已经分不清米和作料，味道早已融合在了一起。也有人喜欢吃白粥，配一碟萝卜干或者花生米，清淡，适合养生，尤其是身体不舒服的时候，吃上一碗白粥，几乎有药用的价值了。

每次去汕头，朋友请得最多的，是吃大石斑鱼[1]粥。尤其是晚上，在路边的一个小店坐下来，一盆热乎乎的粥端上来，再多的烦恼，暂时也忘了。宋代秦观说"家贫食粥已多时"，清代曹雪芹[2]也有"举家食粥酒长赊"[3]的经历，吃粥，一直是贫困的象征。可是，到了汕头人这里，却吃出了如此壮观的景象，这大约也是一种饮食文化吧。不知道有没有人研究过，潮汕人是什么时候开始吃粥的，"粥后一觉，妙不可言"[4]的说法又是什么时候开始流传的。也许，在潮汕人看来，这并不重要，重要的是无论走到哪里，都能吃到味道丰富的家乡米粥。

每次闻到粥的香味，汕头人恐怕没有一个不回头看的。"吃粥去"，一句平常的话，却有多少滋味在心头啊。从地理上说，汕头靠着海，盛产海鲜，所以，粥的作料也多半从海里来。我也知道，在汕头，农历正月初七有吃"七样羹"[5]，冬至吃"冬节丸"[6]等饮食习俗，但对于我们这些外地人，最具有吸引力的，还是吃潮汕的粥。

……

[1] 海里的一种鱼类，由于有营养又好吃，已经成为一种常见的食材。
[2] 曹雪芹（约 1715 年—约 1763 年），是中国四大名著之一《红楼梦》的作者。
[3] 意思是，全家都吃粥，买酒的钱也拿不出来，常常延期支付，形容生活十分贫困。
[4] 意思是，吃完粥后睡一觉，感觉十分美妙。
[5] 潮汕地区民间食俗，由 7 个不同品种的蔬菜煮成一锅吃。
[6] 潮汕冬节是潮汕地区的传统节日，人们会在冬至这天吃糯米丸。

本级词

端 | duān
to hold sth. level with both hands

贫困 | pínkùn
impoverished

壮观 | zhuàngguān
magnificent

超纲词

烦恼 | fánnǎo
annoyance

地理 | dìlǐ
geography

盛产 | shèngchǎn
to abound in

习俗 | xísú
custom

本级词

窗口 | chuāngkǒu
medium, channel

新兴 | xīnxīng
newly emerging

融入 | róngrù
to blend into, to integrate

本地 | běndì
local

舌头 | shétou
tongue

超纲词

举世瞩目 | jǔshì-zhǔmù
world-renowned

硅谷 | guīgǔ
Silicon Valley

口音 | kǒuyīn
accent

深圳，别称"鹏城"，是中国第一个经济特区，中国改革开放的窗口和新兴移民城市，创造了举世瞩目的"深圳速度"，被誉为"中国硅谷"。

在深圳听南腔北调[1]

谢有顺

走的地方多了，南腔北调听起来并不陌生，反而习惯在谈话前，问问别人是哪里人，一年能回老家几次，家里还有什么亲人，等等。……有一些人，到了新的城市，就想完全融入，彻底忘了自己曾经的口音：很多人到了上海，就怕别人看出他不是本地人；有些人去了北京，说普通话时，舌头也卷得厉害了。可见，北京、上海这样的地方，外地人到了那里，多少总会有一些压力。

[1] 泛指各地方言。

本级词

隐藏 | yǐncáng
to hide, to conceal

老乡 | lǎoxiāng
fellow townsman

丧失 | sàngshī
to lose, to be deprived of

景点 | jǐngdiǎn
scenic spot

都市 | dūshì
metropolis

大道 | dàdào
main road

深圳就不同了，它本来就是一个移民城市，无论你来自哪里，都不需要在深圳隐藏什么，天南地北，五湖四海，一群人聚在一起，说起家乡来，往往就占了大半个中国。大多数时候，十个人聚会就会听到十个省的口音，连老乡这样的概念，在深圳都丧失了意义。深圳，成了一个浓缩的中国，就像深圳那个著名的锦绣中华景区[1]，把全国一百多个著名景点都按比例复制了过来。……

你很难想象，这样一个高度发达的现代都市，1979年的时候，她还只是一个经济落后、人口不到四万人的小镇——宝安县。30年时间建造出了一个发达城市，这就是深圳速度。我每次走在宽阔的深南大道上，看着两边高高的楼房，四周盛开的鲜花，心里都会有一种梦幻的感觉。很多人来深圳，是为了实现心中的梦想，而那些络绎不绝的游客，也是为了到深圳来看一个真实、具体、生动的神话。

超纲词

浓缩 | nóngsuō
to miniaturize

络绎不绝 | luòyì-bùjué
(of people, traffic) to be in an
endless stream

[1] 中国最早的文化主题公园，是目前世界上面积最大的实景微缩景区。

本级词

精美 | jīngměi
exquisite, delicate

馒头 | mántou
steamed bread

超纲词

魅力 | mèilì
glamour, charm

魔术 | móshù
magic

拼命 | pīnmìng
to do sth. with all one's might

羡慕 | xiànmù
to envy

柔软 | róuruǎn
gentle, soft

点心 | diǎnxin
dessert

除了"神话"二字，再也没有更好的词可以用来形容深圳了。……深圳真正的魅力，是像变魔术一样出现在市区的都市景观。一水之隔的香港，曾经是深圳人向往的地方。几十年前，很多人拼了命都想游到对岸去，而现在轮到香港人羡慕深圳人了，可以住那么大的房子，吃那么好的菜，还有剩下来的钱去全世界旅游。

……

南腔北调成了深圳的精神，这难道不是一种文化活力的表现吗？有很长一段时间，我觉得深圳像北方城市，大概刚来这里创业的人，很多都来自北方，影响了这座城市的性格，至少，南方城市的柔软，在深圳并不突出。可这有什么关系呢？北方的，南方的，在这里都是深圳的。早上见面互相说声"早安"，然后上酒楼吃精美的点心，这个时候，所有深圳人都是南方的；而回到家里，忙着下面条或者吃馒头来填饱肚子，这时又成了北方人。

深圳不需要你改变自己来适应她。正如走在深圳的大街上，全国各地的特色饭店，都能找到，想吃什么就吃什么。……在别的地方，一顿饭下来，有的人可能什么都没吃到，因为不爱吃或者太辣了，但是在深圳，这样的事情不会发生，因为大家都懂得有别人的存在。

我喜欢深圳的南腔北调，那么多人带着乡音，有一句没一句地说着话，临走时，还约着下一次在哪喝茶，多好！……

一、根据文章判断正误。

（　　　）1. 粥，在中国有非常悠久的历史。

（　　　）2. 吃粥曾经是贫穷的象征。

（　　　）3. 潮汕人吃粥，是因为没有钱、生活困苦。

（　　　）4. "南腔北调"是因为深圳有很多外地人。

（　　　）5. 南腔北调成了深圳精神，也是一种文化活力的表现。

二、根据文章选择正确答案。

1. 作者认为潮汕的粥有什么特点？＿＿＿＿＿＿

　　A. 很稀　　　　　　B. 作料丰富　　　　　C. 种类少　　　　　D. 缺少营养

2. 为什么说潮汕人吃粥吃出了壮观的景象？＿＿＿＿＿＿

　　A. 因为潮汕吃粥的人很多。

　　B. 因为潮汕的粥作料很丰富。

　　C. 潮汕人都是有钱人。

　　D. 潮汕的文化很壮观。

3. 深圳的南腔北调体现在哪里？＿＿＿＿＿＿

　　A. 深圳是一座移民城市。

　　B. 深圳人说的方言各种各样。

　　C. 大家来到深圳就忘记了自己曾经的口音。

　　D. 深圳有全国特色的饭店。

4. 关于深圳，以下说法错误的是：＿＿＿＿＿＿

    A. 深圳是一座高度发达的现代城市。

    B. 深圳的饮食以辣为特色。

    C. 深圳真正的魅力在于市区的都市景观。

    D. 在深圳能听到各种口音。

三、思考与讨论。

    1. 你最喜欢什么口味的粥？请尝试制作一份粥谱推荐给大家。

    2. 作者说深圳的南腔北调是一种文化活力的表现，你同意这种说法吗？

第四章

江西

江西，简称"赣"，位于<u>中国</u>东南部，有<u>中国</u>最大的<u>淡水湖</u>——鄱阳湖。<u>江西</u>交通便利、资源丰富、生态良好、人才<u>辈出</u>，红色文化遗产众多。

超纲词

淡水湖 | dànshuǐhú
freshwater lake

辈出 | bèichū
to come forth in large numbers

本级词

民歌 | míngē
folk song
搭 | dā
to put up, to construct
壶 | hú
measure word for bottles or kettles

超纲词

革命 | gémìng
revolution
摇篮 | yáolán
cradle
闻名 | wénmíng
to be well-known
寮 | liáo
hut
朴素 | pǔsù
simple, plain
情怀 | qínghuái
feelings, sentiments
同志 | tóngzhì
comrade
飘 | piāo
to float (in the air)
品味 | pǐnwèi
to taste, to savour

井冈山，是"中国革命的摇篮"，以其独特的自然风光和革命历史而闻名，被世人称为"绿色宝库"。

井冈茶寮品茶歌

程维

到江西来要带一双听民歌的耳朵，要有一条吃香喝辣的舌头，还得有一颗平常心。……江西人是朴素的，朴素就是自然，比如，民歌唱的仍是不老的情怀。

"同志哥，请喝一杯茶；井冈山的茶叶甜又香"——还没进入井冈，井冈山的《请茶歌》先飘入耳，一到井冈，就被井冈茶的绿色所包围。井冈山到处可见竹木搭的茶寮，挑一处茶寮坐下，煮上一壶上好的井冈翠绿[1]，茶对嘴，嘴对茶，在茶中慢慢品味井冈山，又在山中品茶，其中滋味，真是不一般。

[1] 指井冈山的特产茶。

井冈山去过多次，每次去我一定会到茶寮坐坐，喝喝茶品品绿，身心都得到了放松。一眼望去是无尽的森林，好像一个收藏绿色的宝库：绿的云雾，绿的树木，绿的山冈，绿的山泉，绿的茶园，绿的空气，甚至连井冈山的阳光都透着绿，空气里清新的茶香味，沁人心脾。全世界的绿好像都来到了这里，要把人融入这片绿色的山水里。然而，井冈山的精彩又在于这片绿色中的一点红。1927年正是在这座绿色的大山里，点燃了一支红色的火炬，使井冈山成为中国革命的摇篮。

毛泽东在井冈山上说："星星之火，可以燎原。"[1]为中国革命的胜利指明了方向，使井冈山更加雄伟，融入中国历史的画卷，井冈山也因此成为一座天下最大气的山。……我也游过不少名山，但最吸引我的还是井冈山。那一山的茶树，吸收了多少日月的精华，承载了多少辉煌的历史。

[1] 意思是，一点小火苗，可以变成燃烧整个草原的大火。这是毛泽东在中国革命特殊时期提出的，给了中国革命极大的力量。

本级词

收藏 | shōucáng
to collect
天下 | tiānxià
land under heaven — the world or the whole country

超纲词

身心 | shēnxīn
body and mind
望 | wàng
to look far into the distance
沁人心脾 | qìnrénxīnpí
refreshing
火炬 | huǒjù
torch
燎 | liáo
to burn
大气 | dàqì
majestic
精华 | jīnghuá
essence
承载 | chéngzài
to bear
辉煌 | huīhuáng
splendid, glorious

封锁 | fēngsuǒ
blockade

南瓜 | nánguā
pumpkin

香味 | xiāngwèi
fragrance, aroma

回味 | huíwèi
aftertaste

涌 | yǒng
to surge

仙女 | xiānnǚ
fairy

招待 | zhāodài
to serve

一片小小的茶叶，为什么能承载辉煌的历史？来过井冈山的人都知道，这里有一种不错的雪毫茶，又被称为"红军[1]茶"。当年红军来到井冈山，为打破经济封锁，留着浪漫长发的诗人毛泽东号召红军靠自己，不仅种出了红米、南瓜，还种出了雪毫茶。这也正是《请茶歌》里所唱的"茶树本是红军种，风里生来雨里长"。这被称为"红军茶"的井冈雪毫，用山里的泉水煮，茶汤碧绿，香味很浓，回味又有点甜。听一段历史，品一口"红军茶"，自然会有历史的味道慢慢涌出，这肯定不是夸张。

……

井冈山的茶史跟茶香一样吸引人。传说有位叫石姬的仙女，她游遍了名山名水后，来到井冈山，立刻就爱上了这里的美景。山民用自己家的绿茶招待她，石姬又迷上了井冈茶，于是决定放弃仙境，到井冈山做一名茶女，她种出的茶就是现在著名的翠绿茶。……

说来说去，这井冈山的树，井冈山的茶，井冈山的歌，井冈山的人，井冈山的历史和文化，让人觉得"风景这边独好"，是也不是？

[1]　中国共产党 1927 年创建的人民军队。

　　庐山，集自然美景与人文历史为一体，以雄、奇、险、秀著称，是中国著名的风景名胜区和避暑胜地。

雨后松涛[1]中的感悟——庐山游记[2]（节选）

胡适

　　昨晚大雨，一整夜都能听到松涛声和雨声，一开始还分不清楚，听久了才分得出有雨时的松涛和雨停时的松涛。不管是下雨还是雨停，响声都很大，让人一整夜都睡不着。

　　早上，雨已经停了，我们就出发游山。从海会寺到白鹿洞的路上，树木很多，雨后更加青翠可爱。满山谷都是杜鹃花，有两种颜色，红的和紫的，紫的更加鲜艳，让人喜欢。去年去日本时，错过了樱花，但也正好是杜鹃花开的时候，颜色种类很多，可都是在公园和别人家里看见的，不如今天满山谷的景色好看。

[1]　指风吹松林时，松枝互相碰击发出的如波涛般的声音。

[2]　本文节选自胡适《庐山游记》，因原文难度较大，编者进行了较多改写，篇名亦为编者所加。

本级词

集 | jí
to gather

名胜 | míngshèng
well-known scenic spot

响声 | xiǎngshēng
sound

寺 | sì
temple

山谷 | shāngǔ
valley

超纲词

避暑 | bìshǔ
to escape summer heat

胜地 | shèngdì
resort

青翠 | qīngcuì
verdant

杜鹃花 | dùjuānhuā
rhododendron

樱花 | yīnghuā
sakura

到了白鹿洞，只看见白鹿书院旧址前有几间又破又旧的建筑，不成样子。附近的大松树上都挂着牌子，上面写明了保存着的是"古松第几号"。这里的建筑虽然极其破旧，但洞外的风景还是很好的。有小溪，水不深但流得很急，泉水的声音清脆好听。这条小溪叫贯道溪，上方有一座石桥，即贯道桥，都是朱子[1]起的名字。在桥上，我们望见洞后松林中有一棵松树上有紫藤花盛开着，一直绕到树顶，远远望去十分鲜艳好看。

……

我们一路从白鹿洞到了万杉寺。万杉寺以前叫庆云庵，宋朝景德年间[2]的大超和尚亲手种下一万棵杉树，后来宋仁

[1] 朱熹（1130年—1200年），是中国南宋著名的理学家、教育家和诗人。
[2] 指1004年—1007年。

宗[1]赐名"万杉"。我们今天看到的杉树，只有一只小碗那么粗，都是近两年才种下的。旁边有几棵大樟树，其中一棵是"五爪樟"，大概有三四百年的历史了。有文章说"这些树都是宋代时种下的"，不过好像没有什么证据。

从万杉寺往西走一公里左右，就到了秀峰寺。我在《庐山新志》这本书中了解到，关于"秀峰寺"这个名字的来源，还有一段很有意思的历史。……虽然现在寺中的景色颓废不堪，但寺外的风景却极好，是这座山南边一带风景最好的地方。秀峰寺位于鹤鸣峰下，西面是龟背峰，再西面是黄石岩，再往西是双剑峰，西南方是香炉峰，每座山峰都奇特壮丽，让人心生欢喜。鹤鸣峰与龟背峰之间有一道马尾形状的瀑布，即马尾泉瀑布，双剑峰左边也有一道瀑布，这两处

[1] 赵祯（1010年—1063年），是北宋在位时间最长的皇帝。

本级词

山峰 | shānfēng
(mountain) peak

超纲词

樟树 | zhāngshù
camphor tree

颓废 | tuífèi
dispirited, decadent

不堪 | bùkān
extremely bad

奇特 | qítè
peculiar, strange

壮丽 | zhuànglì
majestic, magnificent

瀑布 | pùbù
waterfall

本级词

一齐 | yìqí
simultaneously

奇妙 | qímiào
marvelous, wonderful

超纲词

遥遥相对 | yáoyáo-xiāngduì
to stand far apart facing each other

汇合 | huìhé
to converge

衰落 | shuāiluò
fading, declining

瀑布遥遥相对，一齐往下流到山谷中，汇合在一处，又一路往下，最后流入龙潭中，于是有了青玉峡奇妙的景色。除此以外，青玉峡上还有很多巨大的石头，上面刻着字，其中有米芾[1]亲笔写的"第一山"大字。

……

从秀峰寺往西走大约六公里，我们就到了归宗寺。到的时候已经下午三点多钟，大家都饿了，就在归宗寺吃了午饭。归宗寺是庐山中的一个大寺，但是现在也很衰落了。……

[1] 米芾（1051年—1107年），是中国北宋著名的书法家。

吃过午饭后，我们就去寻找温泉了。温泉在柴桑桥附近，离归宗寺大约两三公里远，在一个田沟里。雨后这沟里的水不太清，仔细找找好像可以看见水面上有两个地方在冒水泡，冒水泡处就是温泉了。我们伸手下水试了试，有一处水很热，另一处就没那么热了。找附近的人家买了三个鸡蛋放入温泉中，因为突然下雨了，只放了七八分钟就拿了出来，剥开发现里面已经热了，但是没熟。……

我们现在离栗里不远了，但是已经下起了雨，考虑到还要回归宗寺去，就没有时间去传说中陶渊明的故乡看看了。路上，我们看到了一块石碑，上面写着"柴桑桥"三个大字。书中记载："渊明故居，今不知处[1]。"但是书中又说，柴桑桥附近有陶渊明的醉石[2]，醉石谷中有五柳馆和归去来馆。归去来馆是朱子建造的，就在醉石的旁边。这两个馆现在都已经不在了，醉石也不知道去了哪里。……

我们回到归宗寺，在寺里住了一晚。……

本级词

田 | tián
field, farmland

泡 | pào
bubble

超纲词

温泉 | wēnquán
hot spring

剥 | bāo
to peel

石碑 | shíbēi
stone monument

[1] 意思是，陶渊明以前住的地方，现在不知道在哪里了。
[2] 传说陶渊明喝酒后常常躺在离家不远的一块石头上，所以叫"醉石"。

一、根据文中游览顺序依次排列下列景点。

A. 秀峰寺　　　　　　B. 白鹿洞　　　　　　C. 归宗寺

D. 万杉寺　　　　　　E. 海会寺　　　　　　F. 柴桑桥

_____→_____→_____→_____→_____→_____

二、根据文章选择正确答案。

1. 下列哪一项不是我们到井冈山可以体验到的？_____

A. 听到好听的民歌。

B. 吃到美味的海鲜粥。

C. 喝到好喝的茶。

D. 看到大片绿色。

2. 作者为什么说井冈山的精彩在于绿色中的"一点红"？_____

A. 因为井冈山的花特别红。

B. 因为井冈山的太阳特别红。

C. 因为井冈山是中国革命的摇篮。

D. 因为井冈山是红色的。

3. 以下可以体现井冈山辉煌历史的是：_____

A. 民歌　　　　　　　　　　　B. 雪毫茶

C. 关于石姬的传说　　　　　　D. 茶寮

4. 关于<u>万杉寺</u>，下列说法正确的是 _____ 。

   A. <u>大超</u>和尚亲手种下了一万棵杉树

   B. <u>陶渊明</u>亲手种下了一万棵杉树

   C. 这些杉树距今已经有三四百年的历史了

   D. <u>宋仁宗</u>亲手种下了一万棵杉树

5. 关于<u>秀峰寺</u>的风景，下列说法正确的是 _____ 。

   A. 寺内寺外都很破旧

   B. 寺外的每座山峰都长得差不多

   C. 寺外可以看到两道瀑布

   D. 寺外的风景是这座山北边风景最好的地方

三、思考与讨论。

1. 作者说<u>井冈山</u>的"风景这边独好"，请你用自己的话说一说好在哪里。

2. 读完文章后，请你说说，<u>庐山</u>哪一处的风景让你印象最深刻？

3. <u>中国</u>古代诗人留下了许多赞美<u>庐山</u>的诗句，你知道哪些？你也可以上网搜索一下，感受诗人们笔下的"<u>庐山</u>真面目"。

第五章

重庆

超纲词

天生 | tiānshēng
inborn

典范 | diǎnfàn
model, exemplar

火锅 | huǒguō
hotpot

　　重庆，简称"渝"，别称"山城""江城"，是中国中西部唯一的直辖市[1]，国家历史文化名城，有3000多年建城史，自古被称为"天生重庆"。重庆是中国山地城市典范、世界温泉之都、中国火锅之都。

[1]　直辖市是直接由中央人民政府所管辖的建制市。

从江边到锅边

莫怀戚

长江用了多种方式塑造重庆人的性格，最安逸的一种就是火锅。重庆火锅，天下一绝，它带给我们多少享受啊！而且说起这个，重庆人是多么的自豪啊！但请注意，如果没有长江，就没有重庆火锅。

因为，没有长江，就没有码头，也就没有火锅的发明者——码头工人。重庆的码头，同其他如武汉、南京、上海的不同，由于背后是陡峭的山坡，所以需要大量力气大的工人们。但是光有码头工人们也不行。发明个什么还是要成本的——他们没有原料。火锅是很需要点油水的。所以还需要那些富人，要他们大吃大喝，之后留下大量剩菜。码头工人们把这些剩菜收了来，全部放到一块儿煮成一锅，另外加点生菜，一边煮一边吃。火锅就这样诞生了。

火锅的诞生，开始只是一道菜，一种饮食方式，慢慢地成了一种生活方式，又慢慢地成了一种"码头文化"。如果你要问，码头文化的特点是什么？那么回答就是：江湖气息很浓。具体地说就是规矩少，喜欢感情用事。这不大科学，

本级词

绝 | jué
superb, matchless

山坡 | shānpō
mountain slope

富人 | fùrén
wealthy person

诞生 | dànshēng
to come into being

超纲词

塑造 | sùzào
to mould

安逸 | ānyì
easy and comfortable

陡峭 | dǒuqiào
steep

江湖 | jiānghú
all corners of the country

气息 | qìxī
flavour, scent

规矩 | guīju
(good) manners, social etiquette

但大有美学。重庆人富有激情，做事洒脱不讲究规矩——全国已经公认了。所以重庆人待人热情，喜欢交朋友，甚至把和人打交道称为"和"，读作"货"，意思是混合与搅拌。有趣的是，一盆火锅，正好就像重庆人的特点。那火锅沸腾的汤，不是江湖是什么？锅里的各种菜，不是在"和"吗？锅边围着的人们，不是也在"和"吗？

而且火锅这东西，可以便宜可以贵，丰盛或是简单，也都由个人自己决定，所以火锅可以长久地出现在普通人的生活中。如果哪个人说自己穷，说自己的收入低，说自己没钱娶老婆，我们会相信；但是说吃不起火锅，那可就没人信了。

重庆人都承认，吃火锅是会上瘾的。现在，全国人民也同意。关于重庆火锅的魅力，我可以举两个例子给大家证明。

例一：外地学生和他们家庭吃火锅的三个阶段：第一个阶段是"好辣呀！你们怎么受得了的？"第二个阶段是"辣不可怕，就是受不了麻，嘴唇都不是自己的了。"到了第三个阶段就是"好几天没吃了，我还真想火锅呢！"而要

完成这三个阶段，只要一个学期的时间就够了。如果正好是寒假，外地新生第一次回家过年，大部分人会带上<u>重庆</u>的火锅底料回家。家人、朋友的反应，基本和孩子们在<u>重庆</u>时一样：太辣了，但是辣不可怕，麻比较可怕，的确好吃！再到后来，孩子每次放假，家长的电话里一般都要提醒一下：记得带火锅底料。

　　例二：老外也喜欢火锅。我曾经多次见到老外吃火锅，黑人白人都有，而且吃火锅的时候神情淡定，完全没有被<u>重庆</u>的火锅辣到。我常去的一家火锅店，常有一帮<u>俄罗斯</u>人吃火锅，有筷子用得相当熟练的，也有用叉子的。我和他们聊天，知道了他们是在附近打工，饿了要填饱肚子的时候吃饺子，喝酒的时候就吃火锅。对于火锅，除了已经习惯感觉好吃以外，也坦白说因为火锅比较便宜。

本级词

料 | liào
material, stuff

超纲词

聊天 | liáotiān
to chat
坦白 | tǎnbái
to confess

本级词

自我 | zìwǒ
self, oneself

超纲词

陪伴 | péibàn
accompany

炫耀 | xuànyào
to show off

注定 | zhùdìng
to be doomed

旱 | hàn
dry, arid

从陪都到直辖

莫怀戚

1940年，重庆成为"陪都"。什么是陪都呢？就是说，真正的首都还是首都，你这个重庆嘛只是首都的陪伴。好比说"陪太子[1]读书"的小子，并不因为你在读书你也成太子了。

然而，自我感觉良好的重庆人并不如此认为，他们爱炫耀：重庆不错，国民政府搬来这里做"陪都"。其实做陪都不是因为不错，而是因为困难。重庆是一座"地理困难的城市"：房子盖在山坡上，两条大江穿城而过，就在市中心汇合，像重庆这样的城市全世界极少。你们看看重庆的地名：石板坡、十八梯、洪崖洞、观音岩、七星岗——注意这些地方全在市中心。可想而知，重庆的地理是多么复杂且艰难。这样的地理特点注定了重庆必然成为一座桥城：水桥、旱桥，还有半水半旱的桥，更有一种不水不旱的桥。

[1] 中国古代帝王的儿子中已经确定继承帝位或王位的。

重庆在成为直辖市前，也就是1997年前，嘉陵江上只有两座桥，长江上则只有一座。要过江的人大多要走到远离公路的码头上，等待渡船。过江以后，还要走上一段很远的公路。过江有出国的感觉。现在两江的大桥已有十几座，还在建造。渡轮已经不用。

因为山势的原因，这些桥都相当巍峨，横在空中，而且每座桥都长得不一样。以前我在广州，看见珠江上每隔一段就有桥，一模一样，觉得有些羞愧。但现在这么多桥说有就有了，我反而还想嘲笑珠江的桥每座都一样，毫无新意。

旱桥中最引人注目的应该是立交桥。也因为地势，立交桥高高地盘旋在半空中，因为弯弯曲曲所以看起来很是复杂。你站在公路边，甚至看不清楚桥的走向。2007年菜园坝长江大桥通车，我邀请了一帮人骑自行车去桥上闲逛。过了江就是铜圆局立交，站在桥上就好像站在一个空中楼阁上，

本级词

远离 | yuǎnlí
to stay away from
渡 | dù
to ferry (people; goods; etc) across
一模一样 | yìmú-yíyàng
exactly alike

超纲词

山势 | shānshì
mountain terrain
巍峨 | wēié
towering
羞愧 | xiūkuì
ashamed
嘲笑 | cháoxiào
to ridicule, to laugh (at)
新意 | xīnyì
new idea
引人注目 | yǐnrén-zhùmù
to attract the gaze of people
立交桥 | lìjiāoqiáo
flyover
盘旋 | pánxuán
to hover
空中楼阁 | kōngzhōng-lóugé
castles in the air

脚下是万丈深渊，胆小的甚至不敢趴在栏杆上往下看。

半旱半水，指的是滨江路。俗话说"桥归桥，路归路"[1]，但你说不清楚它是桥还是路——它一边与山壁相接，一边靠桥墩支撑。它是顺江的路桥。这滨江路现在已经成为重庆的一处著名的风景。重庆有"两江四岸"[2]，四条滨江路蜿蜒几十公里，没有什么遮挡。到了夜里，滨江路的灯就像美人脖子上的项链。早已闻名天下的山城夜景也因为这从天而降的滨江华灯更加夺目。

这不旱不水的桥，其实是两江上的空中索道。这是重庆独有的景观。几年前我在云南的苍山之上，碰见一对荷兰夫妇。听说我从重庆来，那位先生就说他们已经去过重庆。然后他用拇指和食指捏着，从一边慢悠悠地划一道弧到另一

[1] 意思是，互不相干的事应该严格区分开来。
[2] 指的是长江和嘉陵江的四个江岸线，分别是南滨路、长滨路、嘉滨路和北滨路。

边，姿态优雅，喜气洋洋。这是他们对重庆的"第一印象"吧？但是由于这位先生的英语水平和我差不多，所以他也说不清，我也听不懂。是重庆小面？还是纺织？后来他急中生智，一边比画一边"昂，昂"地模仿江中轮船的汽笛声，我才恍然大悟：原来他说的是空中索道。

现在的重庆不再是困难的城市。不但如此，她是一座辉煌而别致的城市。2006年余秋雨先生[1]来重庆演讲，开头说的是："我到过许多城市，感到那些城市都是趴着的，只有重庆这座城是站着的。"顿时掌声雷动。

原来造成困难的地理，恰恰成就了今天的辉煌和别致。所以说上天所赐的每一样东西，都是一柄双刃剑。陪都，直辖，就性质而言是相同的，就是同中央的特殊关系。作为陪都的重庆其实没有什么值得骄傲的地方，而直辖市的重庆是可以让人大开眼界的。

[1] 中国当代作家、学者。

本级词

开头 | kāitóu
beginning

掌声 | zhǎngshēng
applause

恰恰 | qiàqià
exactly

超纲词

姿态 | zītài
posture

优雅 | yōuyǎ
graceful

喜气洋洋 | xǐqì-yángyáng
jubilant

纺织 | fǎngzhī
spin and weave

急中生智 | jízhōng-shēngzhì
to hit on an idea in desperation

汽笛 | qìdí
steam whistle

恍然大悟 | huǎngrán-dàwù
to be suddenly enlightened

别致 | biézhì
unique

顿时 | dùnshí
immediately

柄 | bǐng
handle

双刃剑 | shuāngrènjiàn
double-edged sword

眼界 | yǎnjiè
field of vision

一、根据文章判断正误。

（　　　）1. 火锅是<u>重庆</u>的码头工人们发明的。

（　　　）2. 吃火锅会上瘾。

（　　　）3. 老外也喜欢吃火锅。

（　　　）4. <u>重庆</u>以前是首都。

（　　　）5. <u>重庆</u>的空中索道是独有的景观。

二、根据文章选择正确答案。

1. 为什么说没有<u>长江</u>就没有<u>重庆</u>的火锅？ ＿＿＿＿＿＿＿

　　A. 火锅需要<u>长江</u>的水。

　　B. 火锅是码头工人发明的。

　　C. <u>长江</u>的码头工人特别聪明。

　　D. <u>长江</u>边的菜特别好吃。

2. 作者说吃火锅会经历三个阶段，以下哪一项属于第二个阶段？ ＿＿＿＿＿＿＿

　　A. 好几天没吃了，我还真想火锅呢！

　　B. 好辣呀！你们怎么受得了的？

　　C. 辣不可怕，就是受不了麻。

　　D. 的确好吃！

3. 关于重庆的桥，下列说法错误的是＿＿＿＿＿＿＿＿＿。

    A. 重庆的桥每座都不一样

    B. 重庆的立交桥弯弯曲曲让人看不清方向

    C. "半旱半水"指的是重庆的地理位置

    D. 滨江路现在成了重庆的一处著名风景

4. 重庆有一种不水不旱的桥，指的是＿＿＿＿＿＿＿＿＿。

    A. 立交桥　　　　　B. 渡船　　　　　C. 滨江路　　　　　D. 空中索道

三、思考与讨论。

1. 重庆的火锅为什么能风靡全国？

2. 作为直辖市的重庆让人大开眼界的地方有哪些？

第六章

贵州

超纲词

山川 | shānchuān
mountains and rivers

宜人 | yírén
pleasant

居多 | jūduō
to be in the majority

素有 | sùyǒu
to usually have

　　贵州，简称"黔"或"贵"，位于中国西南地区，其山川秀丽、气候宜人、资源丰富、民族众多。贵州高原山地居多，素有"八山一水一分田"之说。

贵阳，别称"林城"，是贵州省省会，也是中国西南地区重要的中心城市之一。贵阳冬无严寒，夏无酷暑，是中国重要的生态休闲度假旅游城市。

贵阳可人在野趣

戴明贤

贵阳是个山城，在热闹的市里就有好山好水，稍微走两步就能看到茂密的树林和幽静的山谷。她的可人之处，除了气候适合夏天来这里避暑，还在于到处可见的山乡野趣。

以前的贵阳，夏天有几样东西令人难忘。

一是用小竹笼装了卖的叫蝈蝈[1]。贵阳人叫它"炸拉子"，似乎这个名字更能突出它的叫声响。一个扁担挑上几十只小竹笼，每个笼里一只，比起赛来，叫声大得连顾客都得提高嗓门来讨价还价。买回家挂在窗前或者屋檐下，叫得连黑夜都会迟到两小时。那声音应该说是噪声，然而童年时不嫌它吵，只觉得有趣，有它才像夏天。……

[1] 在中国，人们把能发出比较响的叫声的一类昆虫称为"叫蝈蝈"。

本级词

难忘 | nánwàng
unforgettable

黑夜 | hēiyè
night

嫌 | xián
to complain (of)

超纲词

可人 | kěrén
charming

野趣 | yěqù
pastoral appeal

幽静 | yōujìng
quiet, peaceful

竹笼 | zhúlóng
bamboo cage

扁担 | biǎndàn
shoulder pole

嗓门 | sǎngmén
voice, tone

讨价还价 | tǎojià-huánjià
to bargain

屋檐 | wūyán
eave

噪声 | zàoshēng
noise

　　玩叫蝈蝈北方更讲究，买蝌蚪玩就恐怕是只有贵阳才有了。小贩们每年到了特定的时候，就会把蝌蚪装进玻璃罐里，在街上叫卖了。那叫声也很特别，不喊"蝌蚪蝌蚪"，而是拉长了声音慢慢地喊着"活的活的（"的"字读lei）——"。装蝌蚪的玻璃罐外形好像一只歪嘴的桃子，中间凸起一枝珊瑚或者仙山似的东西，染作红绿色。装上水，每只放进五个蝌蚪，那些大脑袋小尾巴的"活lei"就绕着那仙山或珊瑚游玩，让小孩想起神话故事里的巨鲸。从十岁以后，我心里的贵阳夏天，就永远是炸拉子、活lei、鲜藕片和早早就去世的大姐。它们都是她从街上买回来的。

　　许多许多年以后，我在村里教书，学生们抓了小鱼送我，我却向他们要蝌蚪。用白色的大盘子养起来，看它们像一滴滴墨水一样落在清水里，大头一动也不动，尖尖的尾巴却像风一样快速地来来去去，像看齐白石[1]老人的画。直到有的长出了两条小腿，样子可怕起来，才把它们都倒回田沟里去。

杨梅是平凡的水果，贵阳靠近郊区的地方产的"火炭杨梅"却好像是不多见的品种。一颗颗大得像李子，颜色为深红，看起来像天鹅绒一样。那包装也非常精美，黄色的小竹篓里铺了一些青枝绿叶，黄绿之间，闪着深红的颜色，真是可以画进画里了。这杨梅的肉极厚，味道极香，价格当然也是其他小摊那儿普通杨梅的十倍以上。

贵阳还有另外两种很普通的水果，卖法很有意思。一是刺梨，用线穿成串，一串五个，小灯笼似的；一是山楂，一串一大圈，像是红色的佛珠。穿着青色衣裙的布依族[2]女子，挑着小扁担，红的山楂黄的刺梨，在闹市里叫卖着自己家的水果，实在是富有特色的山城景色。成年人大多喜欢刺梨，一开始是酸的，回味起来又是甜的；山楂则是小孩喜欢的，既不需要怕尖刺，又酸甜好吃，颜色鲜红，脖子上挂一两串，玩玩吃吃，就已经花费了半天时间，也不会去吵父母了。

近几年，火炭杨梅和串起来叫卖的刺梨山楂似乎消失了，在闹市区越来越难看到这样的景和这样的人了。

……

[1] 中国近现代著名的书画家，他画的花鸟鱼虫好像真的一样。
[2] 中国西南部的少数民族，民族语言为布依语。

本级词

平凡 | píngfán
ordinary

铺 | pū
to spread

串 | chuàn
measure word for strings or
clusters of objects

花费 | huāfèi
to spend (time or money)

超纲词

杨梅 | yángméi
waxberry

李子 | lǐzi
plum

天鹅绒 | tiān'éróng
velvet

篓 | lǒu
basket

小摊 | xiǎotān
vendor stall

刺梨 | cìlí
roxburgh rose

灯笼 | dēnglong
lantern

山楂 | shānzhā
hawthorn

佛珠 | fózhū
Buddhist beads

超纲词

海内外 | hǎi nèiwài
home and abroad

清澈 | qīngchè
crystal-clear

民俗 | mínsú
folk custom

民风 | mínfēng
customs and morals of the people

黔东南苗族侗族自治州，位于贵州省东南部，是全国苗族侗族人口最集中的地区，被称为"生态之州""歌舞之州""神奇之州"。

苗岭新都听酒歌

戴明贤

贵州人在省内旅游，选择黔东南苗族侗族自治州的人很多，这里文化资源特别丰富，这些年引起海内外关注的侗族大歌[1]、琵琶歌[2]、苗族飞歌[3]、情歌等，不过是黔东南民族民间文化的很小一部分。苗岭森林茂密，流水清澈，盛产杉树。在当地人心中，苗岭清江也是民俗民风旅游的第一选择。……

自治州首府为凯里市，1949年这里还是一个只有一千多人的小镇，如今已是一个有15万人的新城，被称为"苗岭新

[1] 中国侗族地区一种多声部、无指挥、无伴奏、自然合声的民间合唱音乐。2009年被联合国教科文组织列入"人类非物质文化遗产代表作名录"。

[2] 中国贵州南部侗族的一种单声部民歌。2006年入选国家级第一批非物质文化遗产代表性项目名录。

[3] 又叫"苗族民歌"，在2008年和2011年被列入第二批和第三批国家级非物质文化遗产代表性项目名录。

都"。凯里是苗族的聚居地，民族节日就有130多个，又被
称为"百节之乡"。……

　　有一次陪两位奥地利朋友游黔东南，去上郎德村。整个
村子被围在深深浅浅的绿色的山里，旁边还有一条清澈的、
浅浅的小河。村子前后两座新造的楼遥遥相对，淡黄色的木
头，配着绿色的草和树、青色的石阶，叫你忍不住想靠着栏
杆坐一会儿。正是田里忙的季节，我们又是临时决定来的，
进村子的一套仪式都省了。我们沿着弯弯曲曲的石级小巷，
在空荡荡的村子里随意散着步，引得大小狗们跟在我们身后
不停地汪汪叫。黑色的木楼，从这家那家伸出头的老婆婆的
花白的头和小孩子的虎头帽[1]，静静地看着我们这些不知道

[1]　虎头帽，源自中国民间，以老虎为形象，是儿童服饰中的特色童帽，
　　象征勇敢与吉祥。

本级词

仪式 | yíshì
ceremony, rite

沿着 | yánzhe
along

超纲词

聚居 | jùjū
to inhabit a region

石阶 | shíjiē
stone steps

巷 | xiàng
lane

空荡荡 | kōngdàngdàng
empty, deserted

从哪里来的客人。一群小孩围着那两个外国人叽叽喳喳，有一个听了祖母的安排，还给我们拿来了又烫又软又甜的烤番薯。午饭准备好了，饭桌放在一座小庙似的屋里。三位穿着传统服装，身上挂满银饰，头上戴着牛角型大银冠的少女站在高高的门槛前，端着装满酒的大牛角，一边唱歌一边给我们递酒。客人们都是事先了解过的，知道不能用手去接那只牛角，只能低头凑上去喝一小口，这样就能通过高门槛进里面去了。

饭菜都是他们做的，桌子和椅子也很简单，客人们吃得很香甜。三位姑娘唱着歌一圈又一圈地劝着酒，那一首首的劝酒歌也确实美，让人心里想着"别倒了别倒了"，手却忍不住要接过来往嘴里倒。……

一、根据文章判断正误。

（　　）1. 贵阳是一座适合夏天来避暑的城市。

（　　）2. 只有在贵阳可以买到蝌蚪。

（　　）3. 贵阳的水果很特别，其他地方都没有，比如刺梨。

（　　）4. 黔东南苗族侗族自治州有丰富的民族民间文化。

（　　）5. 整个上郎德村的人看到外国人都很害怕。

（　　）6. 我们用双手去接装满酒的大牛角。

二、根据文章选择正确答案。

1. 作者觉得贵阳的夏天应该有什么？ _____

　　A. 炸拉子　　　　　B. 蝌蚪　　　　　C. 杨梅　　　　　D. 刺梨

2. 文中提到的"炸拉子"和"活lei"分别是什么？ _____ _____

　　A. 炸串　　　　　B. 叫蝈蝈　　　　　C. 杨梅

　　D. 珊瑚　　　　　E. 巨鲸　　　　　F. 蝌蚪

3. 作者在文中提到了几种贵阳的水果，下面哪一种是未提及的？ _____

　　A. 桃子　　　　　B. 山楂　　　　　C. 杨梅　　　　　D. 刺梨

4. 作者陪朋友去苗族的村子里，什么让他最难忘？ _____

　　A. 村子的风景　　　　　　　　　　B. 烤番薯

　　C. 漂亮的苗族姑娘　　　　　　　　D. 苗族姑娘唱的劝酒歌

三、思考与讨论。

1. 作者说的属于贵阳的"野趣"指的是什么？请你用自己的话说一说。

2. 苗族村寨中喝牛角酒有什么礼节？请试着写一份"游客须知"分享给大家。

第七章

福建

本级词

起点 | qǐdiǎn
starting point

超纲词

丝绸 | sīchóu
silk

商贸 | shāngmào
business and trade

集散 | jísàn
collection and distribution

依山傍海 | yīshān-bànghǎi
near the mountain and sea

造就 | zàojiù
to bring up

福建，简称"闽"，位于中国东南沿海，是历史上海上丝绸之路、郑和下西洋的起点，也是海上商贸集散地。依山傍海的地理特点也造就了福建丰富的旅游资源。

厦门，别称"鹭岛"，中国东南沿海重要的中心城市、港口及风景旅游城市，是"高素质的创新创业之城"和"高颜值的生态花园之城"。

厦门，我的半岛

北村

以前有人问我：如果选择一个地方养老，你会选择哪里？我说，厦门。当我十六岁来到厦门大学读书，坐火车沿着海堤进入厦门半岛时，沉睡的情绪突然被眼前深蓝色的海水点燃。随着我坐车慢慢进入市区，五彩的花朵渐渐将我包围：我从来没见过一个有这么多鲜花、如此干净的城市，我们的车在进入市区前必须清洗轮胎，这让我产生了自己是在某个欧洲现代城市的幻觉。就在那一刻，我爱上了这座城市。

以前的富人们喜欢在这里买房子，闽南[1]或者从东南亚回来的有钱人在这座岛上拥有了自己舒适的家。随着城市的不断发展变化，虽然房子的主人离开了，但是继续住在这里的也不是什么粗人，他们保持着两个奇怪的传统：一是岛上不允许任何动力车通行；二是几乎家家户户都有一架钢琴，所以叫"琴岛"。前者为这座小岛减少了一种声音，后者又增加了一种声音。来到鼓浪屿的海边，海浪和琴声交响，就像大自然和人类最美的声音在轻轻对话，仿佛身在天堂。在这个小岛上产生著名的诗人、钢琴家、指挥家，也就不是什么让人吃惊的事儿了。

[1]　指福建省的南部地区。

本级词

港口 | gǎngkǒu
harbour

素质 | sùzhì
quality

养老 | yǎnglǎo
live out one's life in retirement

情绪 | qíngxù
mood

清洗 | qīngxǐ
to clean

允许 | yǔnxǔ
to allow

通行 | tōngxíng
to pass through

海浪 | hǎilàng
sea wave

超纲词

颜值 | yánzhí
appearance

半岛 | bàndǎo
peninsula

海堤 | hǎidī
seawall

沉睡 | chénshuì
to be sound asleep

轮胎 | lúntāi
tyre

粗人 | cūrén
boor

交响 | jiāoxiǎng
to harmonize

我毕业十年后回到厦门，它像一个睡醒的女子，突然焕发生机。我开着车沿着海堤进入，却在里面迷路了。原来仅靠一条海堤与大陆连接的小小的岛，现在有无数高楼如宝石镶嵌并向大陆延伸，成了一个真正的半岛。在这个半岛上，我看到了与北京、上海等大城市同等规模的各类设施：商场、医院、音乐厅、剧院，甚至有很多小城市根本不会有的专业书店，这让我大为惊讶。一般认为：发达的城市多半是不方便的，但厦门不是，它建立了一个几分钟就能到达的方便公车系统，这在北京到现在都无法达到。在这个风景如画的花园城市生活，既可以享受大城市的奢华，又可以保持方便和宁静，这似乎就是那句"小的是美好的"最好的实践模型。

是的，这座城市适合生活。谁说生活不是最重要的呢？厦门人的生活秘密有时必须通过复杂的程序得以表达：有一次夏天，很热，我去拜访一位报社的主编，本来打算说完几句话就走，结果他拿出一个鸡蛋大的紫砂壶[1]，竟在里面塞

[1] 中国传统茶具，起源于明朝，采用江苏宜兴特有的紫砂泥制成。

58

满茶叶还用手压紧，开水反复冲泡后倒入拇指大的茶杯。我一喝，舌头上就像猛地挨了一鞭。这就是功夫茶[1]。那个下午我留下了，越坐越喝，越喝越渴，虽然心里骂主编捉弄我，不如给我一大杯白开水喝喝。现在我终于也迷上了功夫茶。……

我以为除了茶之外，大概不会再受捉弄了。一日，朋友请我去吃一种凝胶一样的东西，有点像肉皮冻[2]，看不清楚里面是什么，味道鲜美不说，有入口即化之感。朋友说出秘密：这叫土笋冻，里面是一种海虫。听了恶心半日，却不得不承认味道真的鲜美。

有人说，全中国最适合谈恋爱的大学校园是厦门大学，此话不假。除了校园本身优美，不远处就有一个国家级植物园。我要说，整个厦门仿佛都是为爱情而建立的城市，它小而优美；适合生活，它还有音乐；不仅如此，它还有书店。它让我产生天堂的想象，也不足为怪了。

本级词

猛 | měng
fiercely

挨 | ái
to suffer, to endure

超纲词

鞭 | biān
whip

捉弄 | zhuōnòng
to tease

凝胶 | níngjiāo
gel

鲜美 | xiānměi
fresh and delicious

笋 | sǔn
bamboo shoot

不足为怪 | bùzúwéiguài
to be not surprising

[1] 一种古老的喝茶方式，具有一套完整的工具和喝茶的步骤。
[2] 以猪皮为原料加工而成，是一种蛋白质含量很高的肉制品。

龙岩，别称"闽西"，是中国唯一以"龙"字命名的地级市。客家文化和闽南文化在这里交融，孕育了龙岩人热情、勤劳、开拓的独特品质。

一条名叫"龙岩"的鱼

北村

龙岩是从闽南前往闽西的一个通道，因此它具有了一种混血的特质。开拓拼搏的性格使龙岩人在改革开放中大获其利：1979年之前，它曾创造自行车全国人均第一的神话；从1979年到1999年，它又创造了摩托车全国人均第一的神话；从1999年至今，据说它将创造全国人均汽车数量的纪录。你走在龙岩的大街上，能看见各种各样的车，仿佛在开万人摇滚音乐会。你会产生一种幻觉：这真的是一个人口才几十万的小城市吗？不，这是个制造奇迹的地方。

龙岩人是有福的。在龙岩，二三十万本地人拥有无数

煤炭储备、高森林覆盖率和肥得流油的农田。有一次我住在一个朋友家里，他的母亲不过是一个家庭妇女，却拥有两辆运输煤炭的重型卡车。

龙岩人也是奇怪的。街上一个穿着破拖鞋的人，可能是个家里有三百万的富人。龙岩人不但不露富，而且极其节约：富人如何解决肚皮问题呢？一碗清汤粉[1]。这是一种用大米做成的粉条[2]，配几块牛杂[3]，一碗不超过一块五，就把我们的富人打发了。这就是龙岩的"清汤粉文化"，一种开拓拼搏和极度节约相混合的文化，前者大约继承河洛人的传统，后者有些像客家人。说到这里，客家人会不干，他们对自己很节约，但是对待客人很大方，而龙岩人对谁都一样。客家人在大街上走路悠闲，这在龙岩人看来是一种罪恶，这就是他们买车的原因：效率就是金钱。龙岩真是个

[1] 福建龙岩传统的地方小吃，以米粉为主料，配上猪骨汤，再按个人喜好添加作料。
[2] 以大米、豆类、薯类和杂粮为原料加工制成的丝状或条状干燥淀粉制品。
[3] 牛的内脏和碎肉。

本级词

拖鞋 | tuōxié
slippers

露 | lòu
to show, to reveal

打发 | dǎfā
to dispatch

罪恶 | zuì'è
crime, evil

金钱 | jīnqián
money

超纲词

煤炭 | méitàn
coal

储备 | chǔbèi
reserve

覆盖 | fùgài
to cover

率 | lǜ
rate

重型 | zhòngxíng
heavy (of machine, weapon, etc)

卡车 | kǎchē
truck

肚皮 | dùpí
belly

奇怪的城市：钱很多，但绝不随便花。龙岩人吃的东西几乎都是小吃类的，很少吃鱼，洋快餐居然在龙岩卖得不好，这是个例外，有点不符合市场规律。龙岩人真的是让人看不懂的一群：既像沿海人那样拼搏，又像内陆人那样节约。原因为何？因为龙岩位于山海之间。

龙岩人特有的拼搏和顽强可能跟这个城市的气质有关：从很早的时候开始，他们就明白商业的真谛。我母亲以前住的地方叫"韭菜园"，其他地方的人种的韭菜只有一尺高，只有龙岩人能种出两尺高的韭菜，自然就能卖好价钱。我母亲的家族是龙岩的韭菜大王。我至今不明白，为什么龙岩人能把一尺高的韭菜种成两尺？秘密就是：龙岩人总想改变点什么，哪怕是韭菜的高度。

我想起在大河和大海之间的混合区，常会有生命力顽强的特殊鱼类，具有强壮的特质。因此，我们就做一条名叫"龙岩"的鱼吧！

一、根据文章判断正误。

（　　）1. 厦门是一座岛。

（　　）2. 厦门有很多鲜花，非常干净。

（　　）3. 厦门的交通不是很方便。

（　　）4. 龙岩人对自己很节约，对客人很大方。

（　　）5. 龙岩人都很有钱，所以东西也都很贵。

二、根据文章选择正确答案。

1. 关于厦门这座城市，以下说法错误的是：＿＿＿＿＿＿

    A. 厦门特别干净。

    B. 厦门特别吵闹。

    C. 厦门很像欧洲的现代城市。

    D. 厦门的海水很蓝。

2. 为什么作者说厦门出了不少诗人、指挥家、钢琴家不是件令人吃惊的事？

    ＿＿＿＿＿＿＿＿＿

    A. 因为厦门是一座著名的城市。

    B. 因为住在厦门的都不是什么粗人，几乎家家户户都有钢琴。

    C. 因为厦门的风景特别美。

    D. 因为鼓浪屿的海浪声特别好听。

3. 作者为什么说龙岩人是奇怪的? _____

    A. 龙岩人不爱吃东西。

    B. 龙岩的有钱人很多，但是不爱花钱。

    C. 龙岩的有钱人不多，但是爱花钱的很多。

    D. 龙岩人爱吃小吃。

4. 以下哪一项不是龙岩人的特点? _____

    A. 节约   B. 富有   C. 顽强   D. 奢侈

三、思考与讨论。

1. 作者说厦门"小而优美"，是一座适合生活的城市，请试着说一说，你心目中理想的城市是怎样的。

2. 作者说要做一条名叫"龙岩"的鱼，是什么意思?

第八章

安徽

　　安徽省，简称"皖"，位于中国中东部，是最具活力的长江三角洲组成部分。安徽历史悠久，人文荟萃，山川秀美，区位优越，地理地貌融合中国南北差异，是美丽中国的缩影。

本级词

差异 | chāyì
difference

超纲词

荟萃 | huìcuì
to assemble

地貌 | dìmào
landform

缩影 | suōyǐng
microcosm

合肥，是一座古老而年轻的城市。这里有古老的历史遗迹、优美的自然风光、丰富的文化资源和现代化的城市设施。

合肥，城市里的田园风景

许春樵

2008年年底，从上海乘坐高铁两个半小时，从南京出发45分钟，火车一停，合肥到了。合肥并不遥远。

地理意义上的合肥，位于安徽省中部，承东接西，连南接北。1949年的合肥，是一座只有五万人口的城市。后来的合肥实际上是一座移民城市，土著合肥人被后来的移民同化了，如今在公众场合，合肥人是不讲合肥方言的，这与上海、广州、武汉等大城市完全不同。在一个没有方言的城市里，每一个人都像是这个城市的主人，虽然很不真实，但感觉很好。

本级词

公众 | gōngzhòng
general public

超纲词

遗迹 | yíjì
relic

土著 | tǔzhù
original inhabitants

同化 | tónghuà
to assimilate

方言 | fāngyán
dialect

合肥有着明显的农业文明的气质，城市干净而清爽，绿化覆盖率超过30%，是最早被命名的"国家园林城市"。以老城墙旧址和护城河[1]为主体所构成的环城森林公园将合肥古城围得严严实实，环城公园百余米至千余米宽的绿化带[2]是千百年来自然形成的生态，没有一点人工的迹象，数百种不同的树不规则地铺排了色彩丰富的原生态森林景观。在绿树浓阴掩映的稻香楼国宾馆和雨花塘一带，一年四季数以千种的鸟类在这里休息直到过冬，走进其中，你会觉得身处幽静的深山老林，鸟粪随时会落到你头顶。

而这一切居然出现在如今合肥的中心地带。城中有园，园中有城，生活在这座国家园林城市里，很舒适，很安静，很放松，想约朋友吃饭，20分钟内全到齐了。合肥的空气质量好，喝的水更好，合肥人喝的水差不多是全国省会城市中最干净的水，合肥的城市用水全都是大山里的泉水。所以，

[1] 人工挖掘的围绕城墙的河，古代为防守用。
[2] 指的是种植绿化的条形地带。

本级词

绿化 | lǜhuà
to make the environment green by planting trees, flowers, etc

超纲词

清爽 | qīngshuǎng
refreshing, neat

命名 | mìngmíng
to name

城墙 | chéngqiáng
city wall

严严实实 | yányánshíshí
solid

迹象 | jìxiàng
sign, indication

掩映 | yǎnyìng
to be partly covered by

粪 | fèn
droppings

本级词

野生 | yěshēng
wild

倾向 | qīngxiàng
tendency, trend

市民 | shìmín
city residents

傍晚 | bàngwǎn
dusk, nightfall

炸 | zhá
to fry

全力 | quánlì
full strength

打造 | dǎzào
to forge

城区 | chéngqū
city proper

超纲词

夸张 | kuāzhāng
exaggerating

养殖 | yǎngzhí
to breed

添加剂 | tiānjiājì
additive

饲料 | sìliào
feed, fodder

欲望 | yùwàng
desire, lust

中性 | zhōngxìng
neutral

豪爽 | háoshuǎng
bold and forthright

精细 | jīngxì
fine, meticulous

惊心动魄 | jīngxīn-dòngpò
be heart-stirring, be shocked

面目全非 | miànmù-quánfēi
to be changed beyond recognition

滨湖 | bīnhú
lakeside

说我们合肥人干什么都用矿泉水，甚至洗脚都用矿泉水，这是一点也不夸张的。我们在菜场买菜，从来不买人工养殖的鱼、也不买养殖场用添加剂饲料喂大的鸡，我们吃的是巢湖、瓦埠湖的野生鱼，肥西的土鸡，三河的土菜。这是一个具有农业文明倾向的城市合肥带给市民最大的安慰和实惠。

合肥有钱的人少，吃不起饭的也少；因此没有多少富人会刺激你的欲望，也没有多少穷得无路可走的人会让这座城市感到不安，大多数人愿意接受温暖而平凡的日子。所以，合肥人总的来说是中性的，有时候有北方人的豪爽，有时候又表现出南方人的精细和小心。夜生活很早就结束了，十二点过后，安静的城市道路上偶尔有车滑过路面，竟然给人一种惊心动魄的感觉。难得的热闹出现在一些非常安静的小巷里，每到夏天的傍晚，人们就坐在路边的摊点吃大排档[1]，一字排开，挤满一条街，钱不多的市民们流着汗打开啤酒瓶，边喝酒，边吃一种很便宜的炸"龙虾"，一直吃到半夜，才擦着一嘴的香味儿，高兴地回家去。

普通百姓非常喜欢这种舒适、宁静、低成本的城市田园式的生活，可城市的管理者却在这几年全力打造这座城市工业化、现代化、国际化的梦想，如今，老城区被拆了个面目全非，一个现代的滨湖新区建设已经全面铺开，引湖入城，城中有湖，湖中有城，合肥将成为全国唯一的滨湖省会城市，城市的性质也将因此而被修改。

---

[1] 聚集排列的小吃摊，夜间开设在路边或居民生活区附近，提供烧烤、海鲜家常菜或各地小吃。

黄山，世界自然与文化双遗产，世界地质公园，以奇松、怪石、云海、温泉和冬雪闻名于世，被誉为"天下第一奇山"。

一生痴绝处，无梦到徽州

许春樵

"一生痴绝处，无梦到徽州。"这是明代戏剧家汤显祖[1]留下的千古绝唱，意思是一辈子想去人间仙境，可做梦也没梦到人间仙境原来在徽州。也就是说，徽州的美是人的想象力抵达不到的地方。

徽州，就是现在的黄山市。黄山1990年被联合国教科文组织命名为"世界自然与文化遗产"。如果你在一个刚刚下

[1] 汤显祖（1550年—1616年），明朝著名戏曲家、文学家。

本级词

抵达 | dǐdá
to arrive in/at, to reach

超纲词

地质 | dìzhì
geology

绝唱 | juéchàng
the acme of perfection

本级词

无边 | wúbiān
boundless, limitless

浮 | fú
to float, to drift

超纲词

隐 | yǐn
to conceal

诱惑 | yòuhuò
temptation

内涵 | nèihán
connotation

文物 | wénwù
cultural relic

民居 | mínjū
civilian residential housing

过雨、天气晴朗的清晨登上黄山的天都峰，你就会体验到，"五岳归来不看山，黄山归来不看岳"一点都不夸张：太阳从无边的云海上慢慢升起，清晨的风吹过云海，七十二峰[1]或隐或现，或沉或浮；云海下面飞瀑直下，天地交响，这时候，你仿佛觉得人在天上，天在眼前。海内外游客在黄山"奇松""怪石""云海""瀑布"这"四绝"的诱惑下你追我赶地来了。黄山是不需要做广告的，每一个来过黄山的人就是一个活广告。

　　黄山不只有自然的山水，更有着其他地方比不上的人文内涵。黄山脚下的这片土地，被称为"文物之海""文化之乡"，整个徽州，不管是城市还是乡村，到处都可以看到古代的民居、书院、石桥，西递、宏村、南屏、竹山书院、紫阳书院等等名胜古迹不仅保存完好，而且内涵极其丰富。一走进徽州，就如同走进了中国明清时代的历史博物馆。

[1]　指黄山主要的三十六大峰和三十六小峰。

那些豪华而富丽的徽派建筑已没有了以前新鲜亮丽的颜色，但是与这些建筑相关的荣耀和骄傲却被保留在了这些青砖灰瓦之中，成为徽州不可磨灭的历史，并告诉徽州的后代们如何像祖先一样光荣地活着。如今，上海、苏州、杭州、扬州的老字号都是徽州人创立的，还有数不清的当铺[1]、商行[2]、茶叶店、盐店、布店几乎都是徽州人开的，中国最早的对外贸易茶叶出口也是徽州的许氏家族从上海开始的。走进如今的屯溪老街，你会发现一幅真正的明清徽州《清明上河图》[3]的真实街市，这可不是后来人工模仿的，而是保存完好的一道历史风景。

　　来过徽州的人后来肯定会这样想，徽州是一座山，那不只是黄山；徽州是一个海，那不只是云海。

[1]　专门收取抵押品而借款给人的店铺。
[2]　以货物交易为目的的场所。
[3]　中国十大传奇名画之一，是北宋画家张择端的作品，属国宝级文物。

本级词

对外 | duìwài
pertain to external or foreign affairs

超纲词

豪华 | háohuá
luxurious, splendid

富丽 | fùlì
sumptuous

亮丽 | liànglì
bright and beautiful

荣耀 | róngyào
honor

砖瓦 | zhuānwǎ
brick and tile

磨灭 | mómiè
to obliterate

后代 | hòudài
later generations

祖先 | zǔxiān
ancestors

老字号 | lǎozìhao
time-honoured brand

一、根据文章判断正误。

（　　）1. 合肥是一座没有方言的城市。

（　　）2. 合肥是一座国家园林城市。

（　　）3. 合肥人的贫富差距不大。

（　　）4. 徽州唯一有名的就是黄山。

（　　）5. 徽州有一座国家历史博物馆。

二、根据文章选择正确答案。

1. 以下关于合肥的说法，错误的是＿＿＿＿＿＿＿＿。

　　A. 合肥是一座移民城市

　　B. 合肥的空气质量好，喝的水更好

　　C. 合肥人既有北方人的豪爽，又有南方人的精细

　　D. 合肥有着明显的工业文明的气质

2. 下列符合城市田园式生活的特点的是＿＿＿＿＿＿＿＿。

　　A. 宁静　　　　　　B. 拥挤　　　　　　C. 高成本　　　　　　D. 热闹

3. 在合肥生活，我们不能享受到的是＿＿＿＿＿＿＿＿。

　　A. 喝到干净的水

　　B. 呼吸新鲜的空气

　　C. 丰富多彩的夜生活

　　D. 吃土鸡、土菜、野生鱼

4. 以下关于黄山的说法，不正确的是＿＿＿＿＿＿。

　　A. 黄山美得像人间仙境

　　B. 黄山有美丽的山水，但缺少人文内涵

　　C. 徽州人创立了很多著名的老字号

　　D. 来游览黄山的人很多

5. 作者写黄山时，没有写到的是＿＿＿＿＿＿。

　　A. 云海　　　　　B. 冬雪　　　　　C. 瀑布　　　　　D. 山峰

三、思考与讨论。

1. 请你结合文章说一说，合肥带给普通市民最大的安慰和实惠是什么？

2. 你向往合肥这种城市田园式生活吗？

3. 你怎么理解文中"黄山是不需要做广告的，每一个来过黄山的人就是一个活广告"这句话？

第九章

河南

超纲词

姓氏 | xìngshì
surname

灿烂 | cànlàn
splendid

腹地 | fùdì
hinterland

通衢 | tōngqú
thoroughfare

　　河南，简称"豫"，位于中国中东部、黄河中下游，是中华文明之源，中国姓氏的重要发源地，历史悠久、文化灿烂，区位优越，素有"九州腹地，十省通衢"之称。

郑州，河南省省会，居中华腹地，中国八大古都之一，史谓"天地之中"，古称"商都"，今谓"绿城"。郑州，一个来了都说"中"的城市。

郑州的时间和爱情

张宇

在"北京时间"以前的许多年代里，人们一直生活在"郑州时间"里。自从人类起源以后，一直在寻找掌握时间的工具和方法。到了元代的郭守敬，在郑州建起了观星台，并且以这里为中心向天下四方八面派出了27个观测站，最远曾经到达莫斯科，几年以后终于创造出了"授时历"[1]。从此，历史才真正进入了时间的刻度，全人类都生活在"郑州时间"里。

不过，在"郑州时间"诞生之前距今3600年以前，郑州这座城市就诞生了。在遥远的3600年前，郑州曾经是当时世界上最繁华最大的一座商业城市，那是古老的大河文明的结晶。后来为什么就没落在了历史深处呢？我们可以在这座城市的周围环境里猜测到答案：郑州的东边是"官渡之战"[2]的古战场；郑州的西边是历史上有名的"楚汉"[3]边界；南边是嵩山和少林寺[4]；北边是永远的黄河。显然，这座大河文明的标志性城市没落在战乱的灾难里。

从3600年前的辉煌以后，郑州这座历史名城就淡出了历史舞台。但是，她从没有停止过呼吸，在几千年的历史长河里，她在历史的压迫下忍辱负重，一直抱着重现光明的希

[1] 至元十八年（1281 年）开始使用的元朝历法。
[2] 东汉末年的一次著名的战役。
[3] 指的是秦汉之际，项羽、刘邦分据称王的两个政权。
[4] 嵩山的一个景区，是中国功夫的发祥地。

本级词

战场 | zhànchǎng
battlefield

压迫 | yāpò
to oppress

超纲词

起源 | qǐyuán
to originate (in/from)

观测 | guāncè
to observe and survey

刻度 | kèdù
scale

繁华 | fánhuá
prosperous

结晶 | jiéjīng
crystallization

没落 | mòluò
to be on the decline

边界 | biānjiè
territorial boundary

忍辱负重 | rěnrǔ-fùzhòng
to swallow humiliation and bear a heavy load

重现 | chóngxiàn
to reappear

望，执着追求着历史的前途。有时候我想，郑州这座城市更像是河南人一样，肯吃苦而且智慧、乐观，低调地守望着中原文明。也像一个马拉松[1]的运动员，几千年来一直奔跑在历史长河里。她一点一点地积累了几千年的力量，时刻等待着和准备着焕发青春。郑州真正开始重新繁华，是在20世纪50年代，那时候开始了大规模的城市建设。于是，从上海、北京、广州、东北来了大量的精英人才，郑州慢慢成了我们国家重要的工业和交通城市。再到后来，这座无比古老的城市就出现了奇异的文化现象……

可能是因为郑州属于内地的移民城市吧，在这个城市生活的外地人比老郑州人多。首先是老郑州的方言被挤到了角落里，甚至慢慢开始被人们忘记。人们迅速在河南话的基础

[1] 国际长跑运动。

上改造，形成了统一使用的河南普通话，也就是后来人们称之为的中州话。中州话的特点是虽然河南味道浓郁，全国人民却都能听懂。再就是，这个城市从来就没有排外的意识。外地人不用努力，很快就能够融入郑州生活。甚至可以说，在郑州生活，外地人永远比老郑州人吃香。这个文化现象的结果是，郑州虽然有着古老的文化传统，却扔掉了传统的思想包袱。郑州轻易就张开自己的文化胸怀，像海绵吸水一样善于吸收外来文化和新生事物。于是，国外的国内的，南来的北往的，谁都可以在这个城市里和别人和谐共处，大家一起共同发展和实现梦想。这个城市近年来的发展能力开始爆发，迅速成为我国中西部思想最开放、经济最活跃的城市。

　　如果在河南人里细分，我其实是洛阳人。但是在郑州生活20年后，我已经郑州化了。我的具体生活感觉是，这个城市里没有狭隘和虚荣。我懂一点植物，打一个比方吧，郑州就像一棵几千年的老石榴树，本来已经老得没有力气结出果实了，却能够张开文化胸怀在枝条上嫁接外来文化的新石榴树苗，就使原来的老树结出了累累硕果。春末夏初的季节，我常常看着老石榴树燃烧着盛开的心脏，就觉得是郑州这座文化古城经过几千年的追求，终于得到的爱情。

洛阳，因地处洛水之阳而得名，有5000多年文明史、4000多年城市史、1500多年建都史，是中华文明的主要发源地，历史上先后有多个王朝在此建都。

洛阳花

乔叶

那个曾经砸过缸的司马光[1]说过："若问古今兴废事，请君只看洛阳城。"[2]这句话说尽了洛阳的沧桑。洛阳西边靠着秦岭，东边是嵩山，南边是伏牛山脉，北边靠着太行山，还有黄河这个天然要塞，所以自古以来是兵家必争之地，也是各朝各代的帝王建立都城的理想场所。

作为中国的六大古都之一，洛阳的建城史就达四千多年。夏、商、东周、东汉、北魏、西晋等朝代都曾经在这里建立了自己的都城，所以洛阳又有"九朝古都"的美名。

洛阳在战乱中风尘仆仆走到了今天。每个时代有每个时代的美容术，洛阳现在自然也是换了新的模样：楼越建

[1] 司马光是中国北宋时期著名的政治家、史学家、文学家。他小的时候机智地砸破缸，救了小伙伴，因此被人称赞。
[2] 意思是，如果人们想要知道古往今来兴亡交替的规律，看看洛阳城就知道了。

越高，马路越修越宽，超市越来越多……总之你要是一年半年不去，就会找不着北——当然，这里说的新与其他城市也没有什么不同：钢筋、水泥、麦当劳和肯德基[1]使所有城市看起来都像兄弟。如果不到白马寺、周王城遗址或者龙门这些特定的地点，你就感觉不出洛阳和别的城市有什么根本不同。

——对了，还有牡丹。确切地说，能让洛阳与其他城市区别开来的第一要素，应该就是牡丹。就我所闻所见，只要提到洛阳，人们后面紧跟的两个字肯定就是牡丹。同样，说到牡丹，人们后面紧跟的两个字肯定也是洛阳。一个城市和一种花仿佛血肉交融在了一起，怎么着也绕不过去。我十岁那年第一次跟母亲旅游去的就是开满了牡丹花的洛阳。多年之后的今天，一到四月我的心仍会如期绽放。只要在河南，只要有时间，我必定还要去洛阳重温牡丹。

牡丹，又名洛阳花。南北朝时期，牡丹开始作为观赏植物栽培，唐朝时盛开于洛阳：传说武则天在一个大雪纷飞的日子饮酒后写下"明朝游上苑，火速报春知，花须连夜发，莫待晓风吹"[2]的诏书，百花害怕地一夜齐放，只有牡丹没开。武则天大怒，将牡丹贬至洛阳。从此，洛阳的人民有福了。

牡丹是大美之花。从四月底到五月初，"花开花落二十

本级词

要素 | yàosù
essential factor

时期 | shíqī
period

超纲词

钢筋 | gāngjīn
reinforcing bar

牡丹 | mǔdan
peony

确切 | quèqiè
definitely

如期 | rúqī
as scheduled

绽放 | zhànfàng
(of flowers) to burst into full bloom

必定 | bìdìng
certainly

重温 | chóngwēn
to review

观赏 | guānshǎng
to enjoy the sight (of)

栽培 | zāipéi
to cultivate

诏书 | zhàoshū
imperial edict

贬 | biǎn
to demote

[1] 麦当劳和肯德基是全球大型跨国连锁餐厅，主要售卖汉堡包、薯条炸鸡等快餐食品。

[2] 意思是，明天早上要游览上苑，火速传诏给春神让它知晓。百花一定要连夜齐放，不要等到晓风吹来方才开放。

日，一城之人皆若狂"，家家户户都在牡丹的芳香里沉醉着。这灿烂的二十日，是全城人和牡丹的年度婚礼，我们这些游客至多算是观礼的嘉宾。这二十日之后，洛阳城和牡丹便陷入了又一轮既甜蜜且煎熬的长相思。

在我的心目中，除了这些真枝真叶的牡丹，洛阳还有许多"牡丹"。

一是卢舍那。她是龙门石窟奉先寺的一尊雕像，她真美。任何形容都不为过。我一直怀疑，那些工匠在雕刻时，怀着的是最复杂最温暖的对于女人的全部情感理想，我从没有见过比她更美的佛像。她是洛阳城最特别最珍贵开放最长久的牡丹。

超纲词

沉醉 | chénzuì
to immerse oneself

甜蜜 | tiánmì
sweet, happy

相思 | xiāngsī
lovesickness

雕像 | diāoxiàng
statue

工匠 | gōngjiàng
craftsman

雕刻 | diāokè
to carve, to engrave

佛像 | fóxiàng
statue of Buddha

二是水席。是以萝卜、白菜、粉丝等为材料制作的传统民间菜肴。上菜的方式很别致有趣：先是四个荤菜四个素菜的下酒凉菜，然后是十六个热菜。其中有四个菜的主要功能是为了观赏，称为"压桌菜"。其余十二个菜，每三个味道相近的为一组，吃完一道，再上一道，如行云流水，再加上菜的样式大都是有汤有水的，所以被称为"水席"。"水席"的第一道菜，一定是用萝卜丝为主要材料的"牡丹燕菜"。

三是洛阳方言，既好听有趣又耐人寻味。例如，浪：游玩，散步。造句：你和女朋友去河边上浪了？耐烦：喜欢，爱。造句：那两个人正互相耐烦着呢……我常常听着洛阳人说话，就会忍不住笑起来，觉得他们真真是口吐牡丹，美不胜收。

当然不只这些，还有唐三彩[1]、杜康酒[2]、《洛神赋》[3]……这些都是我喜欢的洛阳牡丹。

钢筋水泥麦当劳肯德基让洛阳成为城市，但这些形形色色、仪态万方的牡丹却让洛阳成为洛阳。

[1] 全名唐代三彩釉陶器，起源于中国唐代，是一种以黄、绿、白三种颜色为主的陶器。
[2] 中国历史名酒，因杜康始造而得名。
[3] 三国时期曹植创作的辞赋。

超纲词

席 | xí
feast

萝卜 | luóbo
radish

粉丝 | fěnsī
vermicelli made from bean starch

菜肴 | càiyáo
dish

荤菜 | hūncài
meat dishes

素菜 | sùcài
vegetarian dishes

行云流水 | xíngyún-liúshuǐ
floating clouds and flowing water

样式 | yàngshì
style

耐人寻味 | nàirénxúnwèi
be thought-provoking

造句 | zàojù
sentence-making

美不胜收 | měibùshèngshōu
to be of dazzling splendour

形形色色 | xíngxíngsèsè
of many varieties

仪态万方 | yítài-wànfāng
to appear in all her glory

练习

一、根据文章判断正误。

（　　　）1. 郑州的历史有3600多年。

（　　　）2. 郑州一直是一座繁华的城市。

（　　　）3. 郑州是一座移民城市。

（　　　）4. 洛阳的历史有4000年。

（　　　）5. 牡丹是让洛阳与其他城市区别开来的第一要素。

二、根据文章选择正确答案。

1. 下面哪一项是郑州没落的原因？ ＿＿＿＿＿＿＿＿

    A. 少林寺的诞生　　　　　　　　B. 黄河

    C. 战争　　　　　　　　　　　　D. 商业战争

2. 关于郑州，以下说法错误的是＿＿＿＿＿＿＿＿＿。

    A. 郑州是一座历史文化名城

    B. 郑州人有排外意识

    C. 郑州有开阔的文化胸怀

    D. 郑州再次繁荣起来了

3. 下列哪个不是洛阳的特产？ ＿＿＿＿＿＿＿＿

    A. 牡丹　　　　　　　　　　　　B. 水席

    C. 麦当劳　　　　　　　　　　　D. 杜康酒

4. 下列关于水席的说法正确的是＿＿＿＿＿＿。

　　A. 水席是以萝卜、青菜和土豆为材料的传统民间菜肴

　　B. 水席的上菜顺序是先上荤菜再上素菜

　　C. 水席的第一道菜是"牡丹燕菜"

　　D. 水席一共有十二道菜

5. 作者为什么说洛阳人说话是"口吐牡丹"？＿＿＿＿＿＿

　　A. 作者觉得洛阳人说话很有趣

　　B. 洛阳人说话经常戴着牡丹

　　C. 洛阳人喜欢谈恋爱

　　D. 洛阳人喜欢在有牡丹的地方聊天儿

三、思考与讨论。

1. 作者说，郑州这座文化古城经过几千年的追求，终于得到了爱情，你怎么理解这句话的?

2. 在作者的心目中，"洛阳花"是什么?

第十章

江苏

本级词

跨 | kuà
to cut across, to go beyond

超纲词

滨海 | bīnhǎi
coastal

湖泊 | húpō
lake

地势 | dìshì
terrain

土壤 | tǔrǎng
soil

肥沃 | féiwò
fertile, rich

　　江苏，简称"苏"，位于中国大陆东部沿海。江苏跨江滨海，湖泊众多，地势平坦，气候温和，土壤肥沃，素有"鱼米之乡"的美誉，其自然景观与人文景观相互交融，旅游资源丰富。

南京，江苏省省会，是中国四大古都之一，有50万年的人类活动史，近2500年的建城史，约450年的建都史，享有"六朝古都"的美誉。

在明孝陵撞见南京的灵魂

苏童

几年前的一个夏天的傍晚，我和一个来自北方的朋友在明孝陵散步，突然觉得好像有一件意外的事情正在发生。这意外首先来自对一个地方的特殊气息的敏感，我们在那个极热的天气里，抬手摸到这座陵墓的石墙，竟然感到了一种冰凉的寒意，感到青苔下的石墙正在做着一个灰色的梦，主题是一个名叫朱元璋[1]的皇帝。我们闻到了浓郁的青草或者树叶默默腐烂的气味，这气味通常要到秋天才能闻到，但在明孝陵，腐烂的同时又是美好的季节提前来到了。

所以我说，那天我在明孝陵突然撞见了南京的灵魂。

十八岁离开家乡之前，我去过最远的城市就是南京。那是一次特殊的旅行，当时有来自江苏各地的数百名中学生

[1] 明太祖（1328年—1398年），明朝开国皇帝。

超纲词

灵魂 | línghún
spirit, soul

陵墓 | língmù
mausoleum

青苔 | qīngtái
moss

腐烂 | fǔlàn
rotten, corrupt

聚在这里，参加一个大规模的作文比赛。比赛持续了三天，我已经忘了那三天的大部分细节，因为我没有得奖。我只记得离开南京时闷热的天气，朝天宫如何从车窗外渐渐退去，白下路和太平南路上那些大伞一样的梧桐树下的三五个行人和冷清的商店，这是一座有树荫的城市。它给我留下了非常美好的印象，后来我们一大群人在火车站前的广场上等车，忽然发现广场旁边就是非常有名的玄武湖。不知道是谁开了头，跑到湖边洗手，大家都学他，于是一群中学生在玄武湖边一字排开，洗手。当时南京的天空比较蓝，玄武湖的水也比现在满，二十多年过去了，我到现在还记得那十几个伙伴洗手时互相泼水的声音和那些或天真或成熟的笑脸。除了我，不知道当年那群学生中还有谁后来生活在南京。

　　如今我已经在南京生活了多年，这是一座宁静的城市。除了冬天和夏天的气候遭到大家的不满，外来的游客几乎不愿意用语言伤害这座城市平淡安详的心。中山陵在游客

心中永远处于第一的位置。当你用尽力气爬上了几百个台阶后，站在最高处往四周看去，看到的是一片绿色的海洋。东边的森林好像一个枕头，一座城市靠在这个枕头上，用一种非常舒服自在的样子休息着。

下午，在南京的街巷里，一些奇怪的烤炉开始冒起烟来。无数的小店主和鸭子展开了全城的战斗，他们用铁钩子把一只只光溜溜的鸭子放进烤炉中，几乎每条街巷都能闻到烤鸭的香味。傍晚，当骑车下班的妇女们在回家的路上想着准备什么样的晚餐时，那些香喷喷的烤鸭已经在各个小店的橱窗里等着她们挑选了。不知道南京人一年要吃掉多少鸭子。

我记得1984年初到南京，在一所学院工作。我的宿舍后面是一条通往城区西面的小路，每天清晨都能听见鸭群进城的嘎嘎声，十分热闹。一年又一年过去了，那么多鸭子每天追着日光来到南京，为一个城市的菜单奉献着自己，这是鸭子的传奇，也是南京人的传奇。我曾经读到一个意大利人的小说，写一个没落的贵族家庭招待一个贵宾，主人想到的

超纲词

漂浮 | piāofú
to float

第一道菜就是鸭肉，看到这里我就笑了，看来鸭子成为一个城市的朋友不是只有南京才有的。当然，现在和以前不一样了，全球化使每个地方的日常生活变得相似，但有时候一只鸭子也能提醒你，一个城市有一个城市的追求和梦想。

直到现在，许多朋友提到的南京一些幽静的地方我还没去过，但一个人如果喜欢自己的居住地，他会耐心地发现这地方的一草一木的美。以前年轻的时候，每年夏天八月底，我会和朋友骑车去紫霞湖或者前湖游泳，人在微冷的水中漂浮，抬头看到的是蓝黑色的夜空和满天的星星，耳边除了水声，便是四周树林在风中的沙沙声，你能听到自己的呼吸声，似乎也能听到湖边的草木和树叶的呼吸声，一颗年轻的心突然就被这座城市感动了。多么美好的地方，我生活在这里，多好！

这份感动到现在也没有消失，我还要继续生活在这座城市，感受一个普通人的平淡和精彩。

　　苏州，首批国家历史文化名城之一，以"小桥流水、粉墙黛瓦、史迹名园"为独特风貌，有"人间天堂"的美誉。

君到姑苏见

朱文颖

　　苏州是个很像寓言的城市。它表面看起来极具诱惑力，既岁月静好，又热闹繁华。

　　在苏州，有个叫作耦园的园林，不算最有名。耦园很小，然而幽静、清雅。在里面喝茶，点十元以上的"龙井"[1]"碧螺春"[2]，就可以去坐里间的雅室。雅室外面有好几棵桂花树。到了深秋，桂花的香气是让人惊艳的。这才突然让人觉得：有时候，钱毕竟也能买来好东西。

超纲词

粉 | fěn
pink

黛 | dài
black

史迹 | shǐjì
historical site

风貌 | fēngmào
style and features

寓言 | yùyán
fable

清雅 | qīngyǎ
elegant, refined

惊艳 | jīngyàn
stunning, amazing

[1]　龙井茶，是杭州的特产。
[2]　中国十大名茶之一，是苏州的特产。

　　就是这种看着不起眼的小乐趣，小享受，在苏州，却多得像黄梅天[1]的雨。而其中的滋味，只有在这城市平心静气地住上一段日子，并且恰好遇上平心静气的心境，才能细细加以体会。

　　站在苏州老街上，那些靠着水建造的老房子常会让你想起"尘埃落定"这四个字。一眼看去，一切都是朴实的，又让人无法忽略每一处精致的细节。街旁老屋的门常常是开着的，门前坐着主人，或者对面坐着邻居。树都是些老树，有着浓绿的阴影，而茶已经泡上很久了，味道不免变淡了些，倒与大家聊天的内容相符合——也不过就是家中饭菜的咸淡、种的花长得好不好等这些小事。

　　就在这样的老房子里，有一年初夏的时候，我被邀请去吃晚饭。吃饭的地方也特别，在一个老房子背后的小园子

[1] 指每年6月上旬至7月中旬，在中国长江中下游地区出现的连续阴雨天气。

里，也就是后花园的意思吧。在弯弯曲曲的长廊上，傍晚时就点起了红灯笼。长廊走到底，是个小房间。但这小房间朝南方向有扇很大的漏窗[1]。漏窗外面是绿得正好的芭蕉、竹子，和一块假山石。那天晚上简直是花的宴会，每一道菜都有一种花。吃到一半，我们听到了雨声，红灯笼也开始晃动起来。这时来了一男一女，一个穿着黑色长衫，一个穿着白色旗袍，穿过风声和雨雾走了进来，说要唱评弹[2]给我们听。唱了什么并不重要，只是我们听后都感觉到一些寒意。这样的晚上，这样的感觉，或许只有苏州会有，精致美丽的表面下是这个城市积累了几千年的秘密。

　　如果说，在中国，很多城市都因为自己的特点而具备了某种特别的含义，那么苏州就是其中一个。这城市，既不严肃深沉，也没什么太大的变化，就是古老东方精神的一个缩影。

[1] 窗洞内有漏空图案的窗子，主要起通风采光的作用，是中国古典园林墙上的一种装饰。
[2] 用吴语徒口讲说表演的传统戏剧形式。

本级词

宴会 | yànhuì
banquet

超纲词

长廊 | chángláng
gallery

芭蕉 | bājiāo
plantain

晃 | huàng
to dazzle

旗袍 | qípáo
cheongsam

深沉 | shēnchén
profound

一、根据文章判断正误。

（　　　）1. 南京是朱元璋的故乡。

（　　　）2. 作者曾在南京参加作文比赛并得了奖。

（　　　）3. 南京人喜欢吃烤鸭。

（　　　）4. 苏州是个热闹繁华的城市。

（　　　）5. 苏州是一个有几千年历史的城市。

二、根据文章选择正确答案。

1. 明孝陵是中国哪位皇帝的陵墓？ _____

　　A. 秦始皇　　　　　　　　　B. 明太祖

　　C. 宋太祖　　　　　　　　　D. 清高宗

2. 文中写到了南京的几个景点，其中不包括下列哪一项？ _____

　　A. 玄武湖　　　　　　　　　B. 中山陵

　　C. 明孝陵　　　　　　　　　D. 夫子庙

3. 关于南京，下列哪个说法正确？ _____

　　A. 南京是一座特别热闹的城市。

　　B. 南京的夏天和冬天受到了大家的喜欢。

　　C. 南京人一年要吃掉很多鸭子。

　　D. 在外来游客心中明孝陵是排名第一的景点。

4. 文中说"那些靠着水建造的老房子常会让你想起'尘埃落定'这四个字",

是指_____。

A. 房子很老，里面都是灰尘

B. 老房子朴实又精致，让人有一种心安的感觉

C. 老房子十分破旧，像要倒了

D. 房子有很多灰尘，让人有一种想逃离的感觉

三、思考与讨论。

1. 作者为什么说在明孝陵撞见了南京的灵魂？南京的灵魂是什么样的？

2. 如果要选一种颜色来形容苏州，你觉得苏州是什么颜色的？

第十一章

浙江

超纲词

交相辉映 | jiāoxiānghuīyìng
to add radiance and beauty to each
other

府 | fǔ
prefecture

　　浙江省，简称"浙"，地处中国东南沿海，自然风光与人文景观交相辉映，以杭州西湖为中心，风景名胜遍布全省，有"鱼米之乡""丝绸之府"的美誉。

西天目山，国家级森林和野生动物类型的自然保护区，植被覆盖率达95%以上，森林景观以"古、大、高、稀、多、美"闻名于世，被称为"天然植物园"。

游西天目

郁达夫

昨天在地名为"藻溪"的那个小站下车，我们乘坐轿子[1]向北走了十几公里，路上经过了一座又高又陡的山，大约有五六十米高。过了这座山，周围景色就变得完全不同了。山外是小山和荒田，十分落寞；向北望去，天目山就高高地矗立在面前，路旁清澈的流水，自然是天目山南边的山脚下流下来的两条山溪，时而分开，时而汇合。村庄很多，田也肥沃，桥梁亭子等建筑物，更是多得数不清。经过白鹤溪上的白鹤桥、月亮桥后，山路成了一段一段地斜着向上。

进入大有村后，我们就走上了山路，天色阴暗，树林茂密，一到山门，夜色与树影交织成一张黑暗的网。从远处传来几声寺庙里的钟声和僧人的诵经声，仿佛在暗示我们该闭上双眼好好睡一觉。一半是因为快到傍晚的关系，一半我想也是因为一整天的旅行，感到疲劳的缘故。

我们脚下的路弯弯曲曲，大约走了十几分钟，才到了东面那间宽敞的楼厅上的房间里。窗户十分明亮，屋内也很干净，灯光下的房间显得更大了。仔细看看里面的桌椅家具，和上海滩[2]上最好的旅店一样高档舒适。

今天是农历二月十五，我们吃完一顿素菜晚餐后，抬头一看，月亮穿过云朵钻了出来。站在外面能看到寺前寺后的

[1] 上山用的一种人力工具。
[2] 指上海。

本级词

村庄 | cūnzhuāng
village

桥梁 | qiáoliáng
bridge

更是 | gèng shì
even more

织 | zhī
to knit

缘故 | yuángù
cause, reason

旅店 | lǚdiàn
inn, hostel

高档 | gāodàng
high-grade, top grade

钻 | zuān
to go through

超纲词

稀 | xī
sparse

陡 | dǒu
steep

荒 | huāng
deserted

落寞 | luòmò
desolate, lonely

矗立 | chùlì
to stand tall and upright

亭子 | tíngzi
pavilion

僧人 | sēngrén
monk

疲劳 | píláo
tired, fatigued

宽敞 | kuānchǎng
spacious

农历 | nónglì
traditional Chinese calendar

许多山峰的黑影，以及一条有很多怪石的弯曲山溪。溪声很大，月色模糊。真是绝美的风景！

可惜山上仍然盖着厚厚的雪，外面的空气特别冷，面对着这样一个清明又虚幻的夜景，我们只得放弃了晚上游山的打算；吃了些从天王殿的小摊那儿买来的花生米，喝了一些有怪味的老酒后，我们几个诗人也只好抱着委屈各自上床去做梦了。

清晨七点，我们的梦就被山里小鸟的歌唱打破了，大家起床吃完早餐后，就准备坐轿上山去了。山路难走，是本来就知道的事，但这西天目山的路，实在也太狭窄了；因为一面是弯弯曲曲的溪水，另一面是怪石矗立的石壁，两边都开凿不出路来，因此这条小路，只能在树梢头绕、从山口里穿。我们觉得坐在轿子里太危险，所以硬叫轿夫放下轿来，还是学着一般诗人的样子，"缓步微吟"，慢慢地踏上山去。不过这微吟，到后来终于变成了急喘，说出来倒有点儿不好意思。

我们扶着石壁，沿着溪流，弯着腰，慢慢地往上，过了<u>五里亭</u>，<u>七里亭</u>。山爬得越高，树也更密更大，两边的<u>岩石</u>也越高越奇，而气候变得异常寒冷。<u>西天目山</u>产得最多的<u>柳杉</u>树的树干和叶子上，还留有着点点的雪，岩石上都是些和<u>水晶</u>一样的冰条[1]。尤其是<u>狮子峰</u>下，有一块倒放的大岩石，宽约六七十米，在这岩石上倒挂着一排冰柱，真是天下难得一见的景色。

到<u>狮子口</u>休息了四五十分钟，从那小屋的窗子里向南望了一下，我们才有了爬山的信心。这<u>狮子口</u>虽然还在半山，距离<u>西天目</u>的山顶"天下奇观"的<u>天柱峰</u>头还有五六公里路，但从<u>狮子口</u>向南一望，已经是缥缈凌空，烟、树、云、溪都在脚下；在一片绿荫和奇石中的那一座<u>禅源大禅寺</u>，只像是画里的几点小小的房子。不知不觉，我们早已经置身在三四千米高的山峰上。山茶清香，山气寒冷，加上山上僧人的谈吐，让眼前的景色更加别致。

[1] 指山上由于气温过低而由水结成的长条形的东西。

本级词

异常 | yìcháng
unusual, abnormal

超纲词

岩石 | yánshí
rock

柳杉 | liǔshān
cryptomeria

水晶 | shuǐjīng
crystal

飘渺 | piāomiǎo
dimly discernible

凌空 | língkōng
to be high up in the air

绿荫 | lùyīn
the shade (of a tree)

不知不觉 | bùzhī-bùjué
unconsciously

置身 | zhìshēn
to place oneself

谈吐 | tántǔ
style of conversation

　　从狮子口出来，看了千丈岩、狮子岩，我们沿着山路向东，绕过了所谓"树王"的那一棵得有十五六个人才能抱得住的大杉树，继续走了六七十米路，前方就到了更上一层的开山老殿。从狮子口到开山殿的山腰上的一段路都很平坦，老树奇石极多，宽广的土地也一块一块的不知有多少。西天目的绝景，却在向南凸出去的两支岩鼻[1]上，离开山老殿不远。从这两支岩鼻上看下去的山谷全景，才是西天目的唯一大观。

　　岩鼻的一支，是从开山殿前稍下向南，凭空拖出约有五百米长的独立奇峰，也就是"倒挂莲花"的那一块地方。所谓"倒挂莲花"，是一堆三百多米高的岩石，矗立在那里，看起来像一朵莲花。在莲花的背后，有一条绝壁，约有六百米高，和莲花的一瓣相对，站在绝壁下面往上看，恰好是一线六十多厘米宽的天，白茫茫的照在上面。距离莲花石一米左右，又有一座石台，十分平坦，上面建造了一个八角的亭子。在这亭子的东面，有一堆奇岩怪石在深谷的高处，

---

[1]　指突出的悬崖或岩壁上形状如鼻子的突出部分。

像是一只面向着天的佛手。爬上这佛手指头，向南一转头，就能清清楚楚地看见几十公里内的溪谷、人家、小山、田地……一条一条的谷，一条一条的溪，一块一块的田，极像一把倒放的扇子。

另外一支岩鼻，就是有一个四面佛亭造在那里的一条绝壁，比"倒挂莲花"位置稍微往东一点，与"倒挂莲花"隔着一个深不见底的山谷，遥遥相对。从四面佛亭向东向南看下去的风景，和在"倒挂莲花"所见到的差不多。不过在这一个岩鼻上，可以向西看到西天目山所有的山和寺院，这也是为什么一定要上来看一看的理由。

在西天目的禅源寺里住了一天两夜，我们也只是粗略地把西天目的面貌看过了。不过袁中郎[1]所说的飞泉、奇石、庵宇[2]、云峰、大树、茶笋的天目六绝，我们也都已经尝到了。但是因为没有下雨，没有听到像婴儿哭声一样的雷声，是我们一行人的一个遗憾。

[1] 指袁宏道（1568 年 —1610 年），明代文学家。
[2] 指僧人们居住修行的地方。

本级词

面向 | miànxiàng
to face (a direction)

一行 | yìxíng
a group (of people traveling together)

遗憾 | yíhàn
pity, regret

超纲词

粗略 | cūlüè
roughly

婴儿 | yīng'ér
baby, infant

本级词

佛教 | Fójiào
Buddhism

滴 | dī
to drip

超纲词

烟雨 | yānyǔ
misty rain

蒙蒙 | méngméng
drizzly

响亮 | xiǎngliàng
resounding

游览 | yóulǎn
to go sightseeing

寂静 | jìjìng
silent, still

清静 | qīngjìng
quiet, tranquil

微风 | wēifēng
breeze

普陀山，中国佛教四大名山之一，素有"海天佛国""南海圣境"之称，同时也是著名的海岛风景旅游胜地。

佛国虽美不敌万丈红尘

倪怡德

我们坐船从上海出发，在海上经过了一个晚上后，终于在一片烟雨蒙蒙中到了普陀山，它像童话故事中的奇迹一样出现在我们的眼前。我靠着船的栏杆，雨水滴在我的头上、身上，我却已经忘了自己在哪儿。常常听到那些从普陀回来的朋友说那里的岩石是多么奇特，海浪的声音是多么响亮，寺院是多么庄严。听了这样的话，让我时常想去普陀山看一看。

普陀山是避暑的好地方，所以一般人都是在夏季去游览。夏天的普陀，住满了游客，非常热闹。然而正因为这样，普陀本来所特有的寂静反而被打破了。到普陀山游览，我想应当以一种平静的心境，要在人少的时候，这样才能充分享受到普陀山的清静吧。春天，海上吹着微风，天空白云片片，除了少数香客[1]之外，游客是极少的。于是，就在这个时节，我们来到了普陀山。

[1] 去寺庙烧香的人。

我们跟着向导，走过许多弯弯曲曲的山路，很快就到了我们预订的<u>报本堂</u>。在这儿是找不到一家旅馆的，如果来旅行要住的话可以住在山上的寺院里。不要以为寺院的条件就不好，比起<u>上海</u>的许多大旅店，这里更加宽敞和安静。这<u>报本堂</u>是普济寺后面专门为香客旅游居住准备的地方，听说是这里最高档最贵的。庭院前种满了各种花和树，屋内的摆设和装修也非常华丽，就算是有钱人的大别墅也比不上。从我住的楼上望出去，能看到一片白茫茫的海水，安静地躺在中午的阳光下，海岸上有一带松树林，松涛声和海浪声合在一起，不时还有一两声寺院的钟声，轻轻地送到我们的耳里，使人感到无比的平静和安逸。半个月来的工作压力好像完全忘了的样子。

怀着一种好奇的心情，我们把行李收拾好后就去海边看风景了。走出寺院门，经过一个小小的市场，再转一个弯，我们就看到了一片黄色的海滩，这就是"十里沙滩"了。海水慢慢地打到沙滩上，又退回去，沙滩就这样被海水冲得那

本级词

就算 | jiùsuàn
even if

超纲词

庭院 | tíngyuàn
courtyard

摆设 | bǎishè
decorations, ornament

华丽 | huálì
magnificent

别墅 | biéshù
villa

海滩 | hǎitān
beach

101

本级词

脚印 | jiǎoyìn
footprint

打动 | dǎdòng
to move, to stir the emotions

处处 | chùchù
everywhere

凡是 | fánshì
all, every

超纲词

光滑 | guānghuá
smooth

贝壳 | bèiké
shell

美中不足 | měizhōng-bùzú
flaw in an otherwise perfect thing

崖 | yá
cliff

缝隙 | fèngxì
gap

田野 | tiányě
field

笼罩 | lǒngzhào
to envelop

炊烟 | chuīyān
smoke from kitchen chimneys

样的光滑柔软，人经过那地方，会留下一个个脚印。我们一边走，一边在沙滩上捡贝壳，有时又向着海的另一边狂叫起来，好像回到了童年时代的情景。但这里的海水不是蓝色的，也不是绿色的，而是一种深黄色，实在是美中不足的地方。但是普陀的岩石还是非常可爱的，这里的海边，不像上海吴淞口岸的那样，只能看到矮草平原，这里到处都是奇奇怪怪的山崖和岩石。海水冲在岩石上，拍起白色的浪花，再从岩石的缝隙里迅速地流出去。海水拍打岩石的声音就好像是寺院里的敲钟声，也因此有了"潮音洞"这样的名称。我喜欢坐在这样的岩石上，看着浪花拍打在岩石上，每一声浪声都打动着我，真是一种美的享受。

普陀的海景让我内心感到平静，但普陀的山景，更能引起我的兴趣。其实普陀山很久以前是在海中的一座高山，四周处处都是高高低低的山峰，其中佛顶山要算是第一高峰，登上佛顶山可以看到全岛的风景，大海好像和天空连在了一起，根本看不到边。但我更喜欢山脚下的景色：靠着山有几座小房子，凡是住在那儿的男男女女都在田野里勤劳地干着活，还能听见鸡和狗的叫声，令人想起陶渊明的诗句来。尤其是在傍晚，或是在下雨的时候，山脚下笼罩着一层白色的烟雾，那是农家人在家里做饭时屋顶上的炊烟，从我们住的寺院的楼上看下去就有这样的一幅"山居图"[1]。

这座小岛虽然不大，但大大小小的寺院却有几百座。在这么多寺院里，规模最大的，除了我们住的普济寺之外就是

---

[1] 中国传统绘画中的一种题材，通常以山水为主题，强调自然景观的美感和大自然的宁静之美。

法雨寺了。法雨寺的位置极好，靠着山也靠着海，四周都是苍翠的松树林，寺院前面还有一条清澈的小溪。环境幽静，建筑雄伟，比起其他的寺院来确实好得多。

这里虽然美好，但让我感到痛苦的是吃不到鱼和肉，在这里的十天，每天都吃青菜豆腐，粗茶淡饭，我于是想起了上海。上海，我虽然有时对它起了厌倦，但现在想起来，实在是可爱的。想起了行驶在市中心马路上数不清的汽车，夜晚街道上的红绿灯光，来来往往的路上行人，最重要的是，还有各种饭菜的香味……想到这些，我还是快点回到上海这个都市里去吧。

超纲词

苍翠 | cāngcuì
verdant

粗茶淡饭 | cūchá-dànfàn
plain tea and simple food

厌倦 | yànjuàn
to be weary of

一、请根据作者的游山经历依次排列下列景点。

A. 开山老殿　　　　　　B. 狮子口　　　　　　C. 洗钵池

D. "倒挂莲花"　　　　　E. 五里亭　　　　　　F. 千丈岩

_____ → _____ → _____ → _____ → _____ → _____

二、根据文章选择正确答案。

1. 作者游西天目时的住所怎么样?　_____

A. 高档　　　　　　　　　　B. 高明

C. 便宜　　　　　　　　　　D. 高大

2. 为什么作者一行人放弃晚上游山的打算,"抱着委屈各自上床去做梦了"?

_____

A. 因为夜景太不好看了。

B. 因为山上有积雪,天气特别冷。

C. 因为夜景太好看,可是夜太深了,他们不能马上上山看风景。

D. 因为白天太累了。

3. 在哪里可以看到西天目山所有的山和寺院?　_____

A. "倒挂莲花"　　　　　　　　B. 狮子峰

C. 千丈岩　　　　　　　　　　D. 一支岩鼻上

4. 大家为什么喜欢夏天去普陀山? ＿＿＿＿＿＿

    A. 因为夏天去普陀山很便宜。

    B. 因为普陀山的夏天很漂亮。

    C. 因为普陀山的夏天很凉快。

    D. 因为大家只在夏天才有时间去旅行。

5. 文中作者住在普陀山的报本堂，那里条件怎么样? ＿＿＿＿＿＿

    A. 很老旧   B. 很传统

    C. 很豪华   D. 很新

6. 下列哪个景点可能是作者最喜欢的? ＿＿＿＿＿＿

    A. 普济寺   B. 潮音洞

    C. 佛顶山   D. 南天门

三、思考与讨论。

1. 如果你去天目山游玩，会选择和作者一样的游山路线吗? 为什么?

2. 你对作者描述的天目山上的风景印象最深的是哪个（些）?

3. 作者看了普陀山的海景、山景后，觉得很美好，却想快点回到上海，这是为什么?

第十二章

内蒙古

超纲词

辽阔 | liáokuò
vast, extensive

耕地 | gēngdì
arable land

牧草 | mùcǎo
pasture

　　内蒙古自治区，简称"内蒙古"，地处中国北部，土地辽阔、资源丰富，草原、森林和人均耕地面积居全中国第一。这里保存有中国最完好的草原，素有"牧草王国、歌的海洋、酒的故乡"之称。

内蒙访古——揭穿一个历史秘密

翦伯赞

　　火车走出<u>居庸关</u>，经过了一段崎岖的山路以后，我们就看到了一片广阔的田野，一个用望远镜也看不到边的地方，这里就是古时候我们称之为"塞外^[1]"的地方。

　　从<u>居庸关</u>到<u>呼和浩特</u>大约有500多公里，火车都在这个广阔的高原上飞快地跑着。我们都想从铁路两旁看到一些塞外风光，然而这一带既无黄沙，也无白草，只有肥沃的田野，种着各种各样的庄稼。

　　过了<u>集宁</u>，我们就远远地看见了一条从东北向西南方向延伸的山脉，这就是古代的<u>阴山</u>，现在的<u>大青山</u>。<u>大青山</u>是一条并不很高但很宽阔的山脉，这条山脉像一道墙壁把<u>集宁</u>以西的<u>内蒙</u>分成两边。值得注意的是山的南北，自然条件完全不同。山的北边是暴露在寒冷的北风之中的波浪形高原，南边是在<u>阴山</u>屏障下的一个窄而长的平原。现在的<u>大青山</u>，树木不多，但是在古代，这里却是一个草木茂盛，有很多野兽的地方，古代的<u>匈奴人</u>^[2]曾经把这里当作自己养动物的地方。

　　<u>呼和浩特</u>，蒙古语意思是"青色的城"，<u>包头</u>意思是"有鹿的地方"，这两个词的意思，很清楚地告诉我们，直到13世纪或者更晚的时候，这里还是一个有森林、有草原、

[1]　古时候指长城以北的地区。
[2]　中国古代北方游牧民族。

本级词

广阔 | guǎngkuò
vast and wide

暴露 | bàolù
to expose, to reveal

波浪 | bōlàng
wave

当作 | dàngzuò
to regard as

超纲词

崎岖 | qíqū
rugged

望远镜 | wàngyuǎnjìng
telescope

庄稼 | zhuāngjia
crops

山脉 | shānmài
range of mountain

屏障 | píngzhàng
shield

茂盛 | màoshèng
luxuriant

野兽 | yěshòu
wild beast

鹿 | lù
deer

有鹿的地方。呼和浩特和包头这两个城市，正是建筑在大青山南边山脚下。秋天的阴山，就好像一座屏风安放在它们的北边，从阴山高处拖下来的深绿色的山坡，安静地躺在黄河岸上，享受着阳光。这是一个多么安静平和的地方！

我们登上大青山，游览了这里的一段赵长城。这段长城高处达五米左右，从东向西看都看不到尽头。这里其实在战国时期[1]是赵国[2]和胡人[3]争夺的地方，赵国人为了保护自己的国家建起了一条长城，堵住了胡人的路。

离开赵长城，我们来到了大青山一带的汉代古城。根据报告，在大青山南边和北边发现了很多古城遗址，这些古城大部分是西汉（公元前202年—8年）时期的。大青山的南边

[1] 公元前476年—公元前221年，是中国历史上继春秋之后的大变革时期，东周列国诸侯争斗激烈的时代。

[2] 公元前403年—公元前222年，是战国后期最强大的国家，与秦国展开了数十年的争霸。

[3] 中国古代对北方边地及西域各民族人民的称呼。

是塔布土拉罕。这是一座长方形的古城，分内外两城。在城的附近有五个大土堆，其实塔布土拉罕就是"五个大土堆"的意思，这五个大土堆，可能是五个土墓，如果能打开，很有可能发现这座古城的历史档案。

在大青山脚下，只有一个古迹是永远不会废弃的，那就是被称为"青冢"的昭君墓。因为在内蒙古人民的心中，王昭君[1]已经不是一个历史人物，而是一个象征，一个民族友好的象征。青冢在呼和浩特市南边10公里左右的地方，据说在清朝（1636年—1912年）初期墓前有石虎、石狮子，还有绿色的琉璃瓦片。现在这些东西都没有了，只有一个石虎趴在台阶下面陪伴这位远嫁的姑娘。

我们在内蒙古西部没有看到的塞外风光，在东部终于看

[1] 约公元前54年—公元前19年，是中国古代四大美女之一。

本级词

档案 | dàng'àn
files, archives

超纲词

古迹 | gǔjì
historical site

废弃 | fèiqì
to discard

冢 | zhǒng
grave

琉璃瓦 | liúlíwǎ
glazed tile

嫁 | jià
(of a woman) to marry

到了。当我们的火车越过大兴安岭进入呼伦贝尔草原时，自然环境就散发出内蒙古的气氛，一幅"天苍苍野茫茫"[1]的画面就出现在我们的面前了。正像大青山把内蒙古的西部分成南北两块，大兴安岭也把呼伦贝尔大草原分成了东西两个部分。两边山脚下被无数起伏不大的山谷分开，从山谷中流出来的溪水分别灌溉着大兴安岭东西的草原，并在东部汇成了嫩江，在西部汇成了海拉尔河。"海拉尔"在蒙古语中的意思就是流下来的水。海拉尔市虽然是一个草原中的城市，但住在这个城市里，并不能使我们感受到草原的风味，只有当我们从海拉尔乘汽车经过南屯前往锡尼河的这条路上，才看到真正的草原风光。在这条路上，我第一次看到这么平坦、广阔、空旷的草原，这里从古以来就没有人种过庄稼，没有山，没有树木，没有村庄，只有绿色的草和覆盖这个草原的蓝色的天。一直到锡尼河我们才看到有一些灰白色的帐篷，那是牧人的家。我们去拜访了这些牧人的家，在草原

[1] 出自北朝民歌《敕勒歌》，意思是草原无边无际。

上度过了最快乐的一天。当然不是所有的草原都像锡尼河一样的平坦，我们从海拉尔前往满洲里的路上也看到了一些坡度不大的丘陵在地平线上画出了各种各样的柔和的曲线。

呼伦贝尔不仅在现在是内蒙最好的一个地方，自古以来就是一个最好的草原。这个草原也一直是游牧民族的历史摇篮。

如果说呼伦贝尔在中国历史上是一个闹市，那么大兴安岭则是中国历史上的一个幽静的后院。重重叠叠的山岭和茂密的原始森林，构成了天然的屏障，把这里和呼伦贝尔草原分开，使居住在这里的人民与外面的世界隔开，在悠久的历史时期中，保持着他们传统的古老的生活方式。然而现在，一条铁路沿着大兴安岭的溪谷远远地伸入了原始森林的深处，过去的屏障在铁路面前被粉碎了。

我们这次就是沿着这条铁路进入大兴安岭的，火车首先把我们带到了牙克石。牙克石是进入大兴安岭森林的大门，在牙克石前往甘河的路上，我们的目光便从广阔的草原

超纲词

坡度 | pōdù
slope

丘陵 | qiūlíng
hills

柔和 | róuhé
soft, gentle

曲线 | qūxiàn
curved line

游牧 | yóumù
to move about in search of pasture

重重叠叠 | chóngchóng-diédié
overlap

山岭 | shānlǐng
mountain range

粉碎 | fěnsuì
to smash

111

转向淹没在原始森林中的无数山峰。铁路两旁的山坡上，到处是各种各样的树木，其中最多的是松树和白桦树。我们在甘河换了小火车，继续向森林前进。过了几个小时，我们到了一个叫"第二十四"的地方。因为在这个森林中，有很多地方过去没有名字，后来森林工作者替这些地方也取了一些名字，如"第一站""第二站"之类。我们在这个"第二十四"的地方下了车，走进了这片原始森林。

我们的行程，并没有停止在甘河。就在当天夜晚，火车把我们带到了这条森林铁路的终点——阿里河。

我们在内蒙的最后一个城市是扎兰屯。到了扎兰屯，原始森林的气氛就消失了，出现在我们面前的是一座美丽的山城。这座山城建筑在大兴安岭的南边山脚下，有一条小河从城市中间流过，河水清浅，可以清楚地看见长在河里的水草。郊外风景幽美，到处都是果树、菜园和种植庄稼的田野，这一切告诉了我们，这里已经是呼伦贝尔的农业区了，我们就在这里结束了内蒙的访问。

鄂尔多斯，蒙古语意为"众多的宫殿"，是一个多民族地区，是中国最佳民族风情旅游城市。

有一只鹰，就可以看见蓝天

宝音贺希格

鄂尔多斯民歌的旋律与鄂尔多斯高原一样，有的高低起伏、高亢豪放，有的舒缓悠长。这也许是大自然与人的一次完美的默契。

据说，这里是保存着蒙古族姓氏最多的地方。

"鄂尔多斯"为蒙古语，"鄂尔多"是"宫殿"的意思，"斯"在蒙古语中表示复数。所以"鄂尔多斯"，可以翻译成"很多宫殿"。

在蒙古人中最能歌善舞的，一定是鄂尔多斯人了，这样说一点也不过分。平时沉默少话的人们，聚在一起也会唱到天亮，并且可以不重复一个曲子。唱歌，给他们带来的是陶醉，

超纲词

鹰 | yīng
eagle

旋律 | xuánlǜ
melody

高亢 | gāokàng
loud and sonorous

豪放 | háofàng
bold and unconstrained

舒缓 | shūhuǎn
slow, leisurely

悠长 | yōucháng
long and lingering

默契 | mòqì
tacit understanding

宫殿 | gōngdiàn
palace

复数 | fùshù
plural

陶醉 | táozuì
to be intoxicated

因为这样他们的精神可以马上进入最佳状态。鄂尔多斯的家庭，可以说一个个都是小乌兰牧骑[1]，家庭演唱是他们最重要的唱歌方式之一。可以不夸张地说，在鄂尔多斯，不是三人行[2]，必有一个歌手，而是三人行，三个人都是歌手。

在高原上唱起民歌的鄂尔多斯人，似乎是在用歌声与上天对话。这是他们的一种生活方式，因此，他们是在情不自禁地歌唱，不是在唱给谁听。他们不需要舞台，茫茫的高原就是他们的舞台。如果不唱歌，或许在那巨大的空间他们觉得确认不了自己是在哪里？

2001年，我刚从日本留学回来，第一次出差就去了鄂尔多斯。我在内蒙古，除了家乡，就是鄂尔多斯，去的最多。

大海，突然从鄂尔多斯退下去时，留下的是高原。历史经过鄂尔多斯时，留下的也是高原。我十分羡慕鄂尔多斯人，因为他们总是让我仰视。那次，无论是开车行走在高原上，还是听他们唱歌，我竟然一时想不起来在日本度过的九年时间和我居住过的地方、记住过的所有地名，甚至我自己。如果鄂尔多斯是一部史诗[3]，日本也许是一首俳句[4]，前者是天长地久，后者则是在追求只争朝夕。

2006年，一位前辈邀请我去鄂尔多斯参加一个笔会[5]，来的多数是牧民诗人。我面对几十位朴实腼腆的牧民，不知讲些什么？我参加笔会，是第一次，再说生来就不具备演

[1] 蒙语原意是"红色的嫩芽"，意为红色文化工作队，活跃于农村牧民间。
[2] 出自《论语》"三人行必有我师焉"，这里用来强调会唱歌的人多。
[3] 指叙述英雄传说或重大历史事件的叙事长诗。
[4] 俳（pái）句，日本的一种古典短诗。
[5] 文人雅士聚集在一起讨论文学艺术等问题。

讲的才华。我只能对他们开始讲：我说的不如写的，写的不如想的，想的不如不想的……他们完全没有惊讶，静静地听着。接下来，究竟讲了什么，我现在记忆模糊。我知道他们是放羊放牛，又放语言的人们。我也知道我在这些高原的主人面前再讲什么深奥的东西都是苍白的。

后来，我回忆那次笔会的时候，在自己的博客[1]上写了这首诗："有一点泪水就可以了，足以让我澎湃一辈子；有一只鹰就可以了，足以让我看到蓝天；有一首民歌就可以了，足以让我走到永远。"

鄂尔多斯的时间，在美丽的歌声中回旋、上升，而歌声在这悠悠的时间上雕刻着高原的节奏和旋律。

本级词

节奏 | jiézòu
rhythm, tempo

超纲词

才华 | cáihuá
talent

深奥 | shēn'ào
profound

苍白 | cāngbái
weak

澎湃 | péngpài
to surge

回旋 | huíxuán
to circle round

[1] 网络日记。

一、根据文章判断正误。

（　　　　）1. 大青山把内蒙分成了南北两边，北边是平原，南边是高原。

（　　　　）2. 作者在内蒙古的西部欣赏到了美丽的塞外风光。

（　　　　）3. 呼伦贝尔从古时候开始就是内蒙古最好的草原。

（　　　　）4. 在鄂尔多斯，能歌善舞的人很多。

（　　　　）5. 鄂尔多斯人非常热情、爱讲话。

二、连线题。

请把以下地名和意思连起来：

呼和浩特　　　　　　　　有鹿的地方

包头　　　　　　　　　　很多宫殿

海拉尔　　　　　　　　　五个大土堆

塔布土拉罕　　　　　　　青色的城

鄂尔多斯　　　　　　　　流下来的水

三、思考与讨论。

1. 作者在内蒙访古途中去了很多地方，请查阅地图，找一找这些地方在哪里，再选一处给大家介绍一下。

2. 作者在文中说"在鄂尔多斯，不是三人行，必有一个歌手，而是三人行，三个人都是歌手"，读了这篇文章，鄂尔多斯人给你留下了什么印象？

第十三章

山东

山东，简称"鲁"，位于<u>中国</u>东部沿海、黄河<u>下游</u>。山东是<u>中国</u><u>儒家</u>文化的发源地，素有"孔孟之乡、<u>礼仪</u>之<u>邦</u>"的美誉，形成了独特的<u>齐鲁</u>文化，拥有10座国家历史文化名城。

超纲词

下游 | xiàyóu
lower reaches (of a river)

儒家 | Rújiā
Confucianism

礼仪 | lǐyí
etiquette

邦 | bāng
state

曲阜孔庙，是祭祀中国古代思想家、教育家孔子的祠庙。历经两千多年的增修扩建，以其规模宏大、气魄雄伟、年代久远、保存完好，被建筑学家梁思成称为世界建筑史上的"孤例"。

王者的背影，一座永恒的精神殿堂

梁思成

也许在人类历史中，从来没有一个知识分子像中国的孔丘[1]（公元前551年—前479年）那样，长时期地受到一个朝代接着一个朝代的封建统治阶级的尊敬。他认为"一只鸟能够挑选一棵树，而树不能挑选过往的鸟"，所以周游列国，想找一位能重用他的封建主来实现他的政治理想，但始终不得志。事实上，"树"能挑选鸟；却没有一棵"树"想要这只姓孔名丘的"鸟"。但是为了"自见于后世"[2]，他在晚年时写了一部《春秋》[3]。也许他也没想到，自己的愿望实现了。尽管孔子生前是一个不得志的"布衣"[4]，死后他的思想却统治了中国两千年。两千年世袭的贵族，也算是历史上仅有的现象了。这一切也都在孔庙的建筑中反映出来。

今天全中国每一个过去的省城、县城都必然还有一座规模宏大、红墙黄瓦的孔庙，而其中最大的一座，就在孔子的家乡——山东省曲阜，规模比首都北京的孔庙还大得多。在庙的东边，还有一座由大小几十个院子组成的"衍圣公府"。曲阜城北还有一片占地几百亩、树木茂盛、丛林茂密的孔家墓地——孔林。孔子以及他的七十几代子孙都埋在这里。

[1] 即孔子，中国古代思想家、政治家、教育家，儒家学派创始人。
[2] 意思是，自己的才华或成就在后代中得到认可和传颂。
[3] 《春秋》是中国第一部编年体史书，也是周朝时鲁国的国史。
[4] 指平民百姓。

超纲词

祭祀 | jìsì
to worship

祠庙 | címiào
ancestral temple

气魄 | qìpò
boldness of vision

背影 | bèiyǐng
a view of sb.'s back

殿堂 | diàntáng
palace, temple

封建 | fēngjiàn
feudal

统治 | tǒngzhì
to role, to dominate

阶级 | jiējí
social class

重用 | zhòngyòng
to assign (sb.) to a key post

得志 | dézhì
to achieve one's ambition

世袭 | shìxí
to obtain by inheritance

亩 | mǔ
measure word for areas or fields

丛林 | cónglín
jungle

墓地 | mùdì
cemetery

现在的孔庙是由孔子的小小的旧房子"发展"出来的。他死后，他的学生就把他的遗物——衣、冠、琴、车、书——保存在他的家中，作为"庙"。到东汉时（公元153年），第一次由国家为孔子建了庙。到了宋代（960年—1279年），孔庙就已经发展成有三百多间房的巨型庙宇。长久以来，孔庙曾经多次受到战争或火灾的破坏，但是统治者总是把它恢复重建起来，而且规模越来越大。到了明朝中期（16世纪初），孔庙在一次战争中毁了之后，意想不到的是，统治者不但重新建造，而且为了保护孔庙，干脆废弃了原来在庙东的县城，围绕着孔庙另外建造了一个新县城。这就是今天的孔庙。孔庙的规模基本上是那时重建后留下来的。

除了孔庙的"发展"过程是一部很有意思的"历史记录"外，现在保留下来的建筑物也可以看作中国近800年来的"建筑标本陈列馆"。孔庙一共占地将近十万平方米，前后共有八"进"庭院，大小的屋子620多间，其中最古老的是建造于金朝（1195年）的一座碑亭。孔庙的八"进"庭院中，前面三"进"都是柏树林，第三进以北才开始布置建筑

本级词

重建 | chóngjiàn
to rebuild

毁 | huǐ
to destroy

意想不到 | yìxiǎng bú dào
unexpected

看作 | kànzuò
to look upon as

超纲词

遗物 | yíwù
things left behind by the deceased

巨型 | jùxíng
giant

庙宇 | miàoyǔ
temple

标本 | biāoběn
sample

陈列 | chénliè
to put on display

碑亭 | bēitíng
stele pavilion

柏树 | bǎishù
cypress

物。在中线上的是主要建筑组群，由奎文阁、大成门、大成殿、寝殿和圣迹殿等组成。

奎文阁是一座两层楼的大阁，是孔庙的藏书楼，明朝（1504年）时所建。今天到曲阜去参观孔庙的人，如果从南面正门进去，在穿过了苍翠的柏树林和一系列的门堂之后，首先引起他兴趣的大概会是奎文阁前的同文门。这座门不大，也不开在什么围墙上，而是单独地立在奎文阁前面。它引人注意的不是它的石柱和450多年的历史，而是门内保存的许多汉魏[1]碑石，其中如史晨、孔宙、张猛龙等碑，都是老一辈练习书法的人所熟悉的。现在，中国政府又把分散在附近地区的一些汉画像石集中到这里，原来在庙西的两个汉刻石人像也移过来，立在一座新建的亭子里。今天的孔庙已经具备了一个小型汉代雕刻陈列馆的条件了。

奎文阁虽说是藏书楼，但过去是否真正藏过书，很成疑问。它是大成殿主要组群前面"序曲"的高峰，高大仅次于大成殿；下层四周回廊全部用石柱，是一座很雄伟的建筑物。

[1] 即中国历史上的汉朝（东汉）末年与魏朝（曹魏）合称的时期。

120

大成殿正中供奉孔子像，两侧是颜回、曾参、孟珂……等"十二哲"[1]，它是一座双层大殿，是孔庙最主要的建筑物，重建于清朝（1730年）。这座殿最引人注意的是它前廊的十根蟠龙石柱，每根柱上雕出"双龙戏珠"，在阳光闪烁下栩栩如生，是建筑与雕刻的完美结合。大成门正中一对柱子也用了同样的手法。

杏坛位置在大成殿前庭院正中，是一座亭子，相传是孔子讲学的地方。大成殿后的寝殿是孔子夫人的殿。再后面的圣迹殿，明末（1592年）时创建，现存的仍是原物，中有孔子周游列国的画石120幅，其中有些出于名家手笔。

大成门前的十几座碑亭是金[2]元[3]以来各时代的遗物，其中最古老的已有770多年的历史。

1959年，中国政府对这个辉煌的建筑组群进行了修葺，过去的"衍圣公府"已经成为人民的文物保管委员会。

本级词

侧 | cè
side

创建 | chuàngjiàn
to set up

超纲词

供奉 | gòngfèng
to enshrine and worship

蟠龙 | pánlóng
curled-up dragon

闪烁 | shǎnshuò
to glimmer

栩栩如生 | xǔxǔrúshēng
vivid

讲学 | jiǎngxué
to give lectures

修葺 | xiūqì
to repair

保管 | bǎoguǎn
to take care of

委员会 | wěiyuánhuì
committee

[1] 指孔子的十二位杰出的弟子。
[2] 中国的一个朝代（1115 年 —1234 年）。
[3] 中国的一个朝代（1271 年 —1368 年）。

济南，别称"泉城"，拥有"七十二名泉"，素有"天下第一泉"的美誉。济南八景闻名于世，是拥有"山、泉、湖、河、城"独特风貌的旅游城市。

济南，泉水与垂杨

张炜

如果从高处俯瞰，会发现这样一座城市：北面是一条大河，南面是起伏的山岭，它们中间是绿色掩映下的一座城郭。河是黄河，中国最有名的一条大河，行至济南愈加开阔坦荡向东，高堤内外尽是蓬蓬草木。山岭为泰山山脉东端，覆满了密挤的松树，有著名的四门塔、灵岩寺、千佛山、五峰山、龙洞等佛教胜地。

济南将始终和刘鹗的名句连在一起：家家泉水，户户垂杨。这八个字给人以无限想象，说的是水和树，是人类得以舒适居住的最重要的象征和条件。如果一个地方有水有树，那肯定就是生活之佳所。

来济南之前，曾想象过这样的春天：一些人无忧无虑地在泉边柳下晒着太阳，或散步或安坐，脸上尽是满足和幸福的神色。煮茶之水来自名泉，烧茶之柴取自南山，明湖里有跳鱼，佛山有倒影，市民从容又欣欣。这样的描绘当然包括了预期，当然是外地人用神思对自己真实生活的一种补充。

　　来到济南是20世纪70年代末80年代初，春末夏初时节。尚未安顿下来，即风尘仆仆赶往大明湖。果然是大水涟涟，碧荷无边，杨柳轻拂，游人闲适。最让人感到亲切的是泥沙质湖岸，自然洁净，水鸟拦路。这令东部人想起了海，让西部人沾上了湿。一座多泉之城，名泉竟达七十二处；其实小泉无限，尽在市民家中院里，从青石缝隙中蹿流不息，习以为常。记得当年从大湖离开，穿过小巷抄近路，踏进阴阴的胡同，一脚踩上的就常常是润湿的石块，有人告诉：下面压了泉。

　　而后来又去龙洞山，看见了出乎意料的北方大绿：无边的山地全被绿色植被所遮掩，放眼望去几乎看不到裸石和山土。怀抱粗的大银杏树、长达十丈的攀崖葛藤，让人触目

叹息。正是秋天，径湿苔滑，野果盈怀，采不胜采。耳听的全是野鸡[1]啼山猫[2]号，一仰头必有大鹰[3]高翔。守山人[4]比比画画说山里有狼，有银狐[5]和豹猫[6]之类。最难忘一只猫头鹰大白天蹲在路边，让人抚了三下光滑的额头才怏怏而去。

由于济南以前曾有德意志人染指，所以留下了一个著名的车站广场钟楼。这座钟楼与另外几处历史更久的大教堂一起，给古老的城市添上了异国情调，于对比中调剂了人的口

[1] 指那些不是家养的生活在自然环境中的鸡。
[2] 指猞猁（lynx）。
[3] 山鹰（mountain eagle）是一种大型猛禽，国家一级保护动物。
[4] 守山人是一种古老的职业，主要工作内容是看护山林、保护山上的动物等。
[5] 一种体型较大的狐狸，以其浓密的银色毛皮而闻名。
[6] 一种小型的猫科动物。

味。苍苍石色和高耸的尖顶，记录了异国人的智慧和美。这是一段特殊历史的见证，见证了国势羸弱而不是开放；但它的美不仅是客观的，而且还无一例外地同样凝聚了劳动人民的智慧。

看过了自然与建筑再听戏曲，听当地最为盛行的吕剧[1]、说书[2]和泰山皮影[3]。湖边说书人使用的济南老腔[4]，厚味苍老，直连古韵，听得人颈直眼呆。泰山皮影则有专门的传人，属于视听大宴，特别入耳入心的是老艺人略显沙哑的泰山 莱芜调，说英雄神仙和妖魔鬼怪，如同畅饮地方醇酒。与这一切特别匹配的就是泉水和垂杨。

这种初始印象既是确切的又是新鲜的，它一直会留在心中作为一个对比，并作为一个记忆告诉未来：这就是济南。

[1] 中国八大戏曲之一，是山东最具有代表性的地方剧种。
[2] 一种古老的中国传统口头讲说表演艺术形式。
[3] 山东省泰安市传统戏剧，国家级非物质文化遗产之一。
[4] 一种传统曲艺形式，以济南方言为基础，通常使用柳琴等乐器伴奏。

近30年弹指而过。如今济南高楼林立，垂杨尚可寻，名泉迹犹在。钟楼渺无踪，皮影留泰安。仁者爱人，不爱人就会杀树。30年来，爱树的济南人顽强地护住了湖边垂杨，虽不再"户户"；力促干涸的泉水重新喷涌，虽不再"家家"。这就是一座城市演变的历史，这就是现代工业化中的进与退。

如果仍然给梦想留下了空间，那么这个空间里最触目的仍然也还是那两个老词：泉水—垂杨。

一、连线题。

曲阜孔庙内的几个景点分别是用来做什么的?

孔林   收藏孔子周游列国的画石

奎文阁   孔子和他的子孙的陵墓

杏坛   供奉孔子像

圣迹殿   收藏书籍的阁楼

大成殿   传说是孔子讲学的地方

二、根据文章判断正误。

(   ) 1. 曲阜的孔庙是全国规模最大的孔庙。

(   ) 2. 曲阜孔庙已经有700多年的历史了。

(   ) 3. 过去修建或修整孔庙是统治者尊敬孔子的表现。

(   ) 4. 大明湖是济南唯一一处有泉水的地方。

(   ) 5. 钟楼记录了劳动人民的智慧和美。

(   ) 6. 现在的济南再也看不到这么多好看的自然风景了。

三、根据文章选择正确答案。

1. 下列哪一项不是20世纪70年代末80年代初的济南的特色? ＿＿＿＿＿＿

     A. 有一大片绿色的山

     B. 不小心就踩到压着泉水的湿润石块

     C. 很多人都靠在湖岸边的松树下晒太阳

     D. 几乎家家户户院子里都有泉水

2. 下列哪一项不是作者去龙洞山的时候所经历的？ _____

    A. 看到了山里有狼

    B. 摸了蹲在路边的猫头鹰

    C. 看到头顶上有老鹰飞过

    D. 看到了果树上满满的野果子

3. 下列哪一项不符合济南当地戏曲的特点？ _____

    A. 包括说书、吕剧和皮影等种类

    B. 说书的人年轻有活力

    C. 皮影既好看又好听

    D. 听了能让人心醉

四、思考与讨论。

1. 文中说孔庙的"发展"过程是一部很有意思的"历史记录"，请简单说一说孔庙的"发展"历史，并谈一谈你从中体会到了什么。

2. 作者最后说的现代工业化中的"进"和"退"分别指的是什么？

第十四章

四川

四川，简称"川"或"蜀"，位于中国西南部，地处长江上游。四川自古就有"天府之国"的美誉，是古蜀文明发祥地，也是大熊猫的故乡，拥有壮丽的自然风光和丰富的文化遗产。

超纲词

上游 | shàngyóu
upper reaches (of a river)

天府 | tiānfǔ
land of abundance

超纲词

罕见 | hǎnjiàn
seldom seen, rare

迁 | qiān
to move

着实 | zhuóshí
really, indeed

麻辣 | málà
hot and spicy

麻木 | mámù
numb

要领 | yàolǐng
main points

到家 | dàojiā
excellent

隔三差五 | gésān-chàwǔ
every now and then

茶馆 | cháguǎn
teahouse

成都，古称"蓉城""锦城"，是四川省省会，有着世界罕见的3000年城址不迁、2500年城名不改的历史特征，以悠闲的生活节奏、丰富的美食闻名于世。

居于成都

麦家

我非蜀人，入得蜀来，要学习适应的习俗着实不少，甚至连基本的吃、喝之道也要从头学起。吃的学问主要在于对麻辣的麻木，这跟我有些为难，至今要领不得，感受平平。相比之下，喝的功夫是练到家了，有感情了，若是隔三差五的不去泡泡茶馆，心头是欠欠的[1]。好在茶馆遍地，茶钱相应，满足一下也非难事，所以这等欠然倒是少有。

[1] 四川方言，指没有得到或得到了但不满足而遗憾的心态。

成都的茶馆之多，绝对没有哪个城市敢来一比高低的。尽管这样，也没有哪个茶馆经营不好的。哪个茶馆生意都好，都人满为患。有人说，在这个城市里，每天都有三十万大军泡在茶馆里。成都人喝茶不像北方人，喝的是大碗茶，咕咕下肚，以解渴为目的；也不像福建人，喝的是功夫茶，一口一口地品，品得陶醉，品得专心致志；也不像广东人，喝的是早茶晚茶，边喝边吃，喝茶的目的其实是填饱肚子，是不是也可以说是为了节省时间？成都人喝茶，喝的是雅茶，喝的是一种气氛，喝的是滴嗒滴嗒的时间。有人说，成都的茶馆就是一个社会，在这里，卖报看报的，吆喝擦鞋的，说书唱戏的，谈生意的，做买卖的，看相算命的，按摩掏耳朵屎的，访亲会友的，恩恩爱爱的，形形式式，无所不有。所以，说它是个社会，实在是一点不过分的，起码是个反映社会的舞台。在这个舞台上，张三把他的人生折射给了

本级词

掏 | tāo
to clean, to remove

超纲词

人满为患 | rénmǎn-wéihuàn
overcrowded

解渴 | jiěkě
to quench one's thirst

专心致志 | zhuānxīn-zhìzhì
completely absorbed

吆喝 | yāohe
to cry out

看相 | kànxiàng
to tell sb.'s fortune by reading his/her face

算命 | suànmìng
to tell fortunes

屎 | shǐ
earwax

恩爱 | ēn'ài
conjugal love

折射 | zhéshè
to refract

李四，李四又把他的意气传染给了孙二麻子。就这样，舞台又变成了学堂。从这样的学堂里出来的人，有点悠闲，有点懒散，又有什么好奇怪的？

一个悠闲散懒之人，刚走出茶馆又进饭馆又有什么奇怪的？有人说，如果中国的有钱人都是成都人，那么我们的餐饮税收一定还要翻几番。从科华路到西延线，再到羊西线，再到玉林小区，再到杜甫草堂，满大街都是肉香油气。我还要说，尽管满大街都是鳞次栉比的饭店餐馆，但激烈的竞争似乎并没有击败谁，而是激发了更多的人走出家门，坐在了闹热的"排场"里。成都人不但自己爱吃，而且还替全国人吊起了爱吃的胃口，川菜、川酒正是经过成都人嘴巴的千年造化后变得滋味十足，色香迷人而且风靡全国。

有人还说，如果中国的有钱人都是成都人，那么中国的旅游业收入一定也会狂涨。到郊外农家去坐一坐，喝一杯茶，打一圈麻将；或者屋前院后走一走，钓一钓鱼，赏一赏花，真正是心旷神怡。成都人要的就是这个，所以成都市郊的农家乐[1]，不管是节假日还是平常，总是座无虚席。而三月里的龙泉桃花[2]则时常叫成都人倾城出动。每到夏季，青城山、都江堰更是人满为患。仔细一瞅，多数还是成都人。

[1] 一种休闲度假方式，主要提供农家生活体验服务。
[2] 龙泉桃花节，游客可以欣赏桃花、品尝美食以及观赏表演等。

本级词

节假日 | jiéjiàrì
festival and holiday

出动 | chūdòng
to set out

超纲词

旅游业 | lǚyóuyè
tourism

麻将 | májiàng
mahjong

钓鱼 | diàoyú
to go fishing

心旷神怡 | xīnkuàng-shényí
carefree and joyous

座无虚席 | zuòwúxūxí
with every seat taken

倾城 | qīngchéng
the whole city

瞅 | chǒu
to take a look

个性是城市的驱动器。成都人的个性在吃喝玩乐中体现得淋漓尽致，并且由此精彩了这个城市，也演绎了这个城市的文化。如果说，鲜花象征着古典的诗意，那么成都人文、成都文化就是以这样的精神而显示出它的可贵和这个城市的价值。然而，随着现代化步伐的不断向前迈进，农耕甚至工业文明都已开始悄然隐退时，成都人的这种散发着千古馨香的人文之气，还有桃花源式的文化，是不是过于诗意了一些？坦率说，我喜欢这个城市，又害怕。我总觉得，或者总担心，在这个"腐化"的好地方，我的精神深处也会跟着腐朽起来。

乐山，古称"嘉州"，有"天下山水之观在蜀，蜀之胜日嘉州"的美誉，其地处南丝绸之路、长江经济带交汇点，是成都平原中心城市之一。

乐山，靡靡的闲适

麦家

按常理说，一个地方的取名，一般要关乎历史掌故，或者表达城市个性。譬如纽约，一看就知道当年打败荷兰人的英国殖民者都来自约克郡；再譬如洛阳，顾名思义，城市坐落于洛水之阳——因此最早知道乐山这个地名时，联系它依山傍水的环境，想当然便以为来自孔子名言"智者乐水，仁者乐山"，尽管发音迥异（《论语》中"乐"字读"耀"），也不过是命名人在语音上的误会罢了。直到踏上

本级词

地名 | dìmíng
place name

罢了 | bàle
that's all, nothing more

超纲词

交汇 | jiāohuì
to converge

靡 | mǐ
languid

常理 | chánglǐ
common sense

取名 | qǔmíng
naming

关乎 | guānhū
to relate to

掌故 | zhǎnggù
anecdotes

譬如 | pìrú
for example

殖民者 | zhímínzhě
colonist

顾名思义 | gùmíng-sīyì
just as its name implies

坐落 | zuòluò
to be situated

想当然 | xiǎngdāngrán
to take for granted

名言 | míngyán
well-known saying

发音 | fāyīn
pronunciation

迥异 | jiǒngyì
totally different

乐山的土地，才知道误会的人原来是我：乐山竟是潇洒地得名于城市西南的一座名微知寡、难以体现城市任何特征的小山包"至乐山"。

不能不说，这样的命名方式正是乐山人生活态度的鲜活体现。说真的，去过上百座城市，接触过无数的人，还真没有哪里的人能够像乐山人一样带给我轻而奇妙的闲适感觉：那里的一切都淡如水，飘如空气。确切地说，是自在的水和快活的空气。有多轻而奇妙？借一句秦观的词："自在飞花轻似梦"。

闲适就意味着自在，"自在"二字，实在是一篇绝美的文章。佛家有"学佛无难，但观自在"的箴言，大概是说人们要做工夫，认识身色之外的真我，唤起众生所具有的如来智慧德相：说穿了，与庄子逍遥的智慧殊途同归。当然，乐山人的"自在"大多并没有这么玄妙的境界，他们把自在当作一种功夫，不但乐在其中，而且心安理得。就好像研究科学到一定境界的人可以叫科学家，创作文章到一定水准的人可以叫作家，乐山的自在之人则完全可以被称为闲家。在平常的日子里，既不会正经八百地去忧国忧民，也不会在意口袋里有没有足够的钞票，他们总是大事小事坐怀不乱、处变不惊，这一点，同他们坐下来泡一碗清茶，天南地北毫无主题地乱吹一气，便能深刻感觉到。有人向我形容，说最正宗的乐山闲家，乃上午逛逛股市，下午玩玩字牌，晚上侃侃大山，虽然有些玩笑意味，但从某种意义讲，也真还切中了要害。

超纲词

心安理得 | xīn'ān-lǐdé
to feel at ease and justified

水准 | shuǐzhǔn
level, standard

正经八百 | zhèngjīng-bābǎi
in all seriousness

忧 | yōu
to worry

在意 | zàiyì
to care about

钞票 | chāopiào
money

坐怀不乱 | zuòhuái-bùluàn
to remain calm in the face of
temptation

处变不惊 | chǔbiàn-bùjīng
to keep calm in an emergency

正宗 | zhèngzōng
genuine, authentic

股市 | gǔshì
stock market

侃大山 | kǎn dàshān
to chat idly

玩笑 | wánxiào
joke

要害 | yàohài
crucial point

　　不能不说，这样的闲适与四川尤其是成都平原得天独厚的自然条件有关：早在一千多年前的五代十国，全国都在比蜘蛛网还密的战争中水深火热，唯独那蜀中的小朝廷，兵精粮足人才济济却不思厉兵秣马逐鹿中原，君臣嘻哈中，悠哉游哉地炮制出一本《花间集》[1]来。乐山依山傍水，有着极其丰富的物质资源，在历史上，除了极为罕见的几次"人祸"，从来内不忧衣食，外不患侵扰，几千年下来，许多自然形成的生活状态，也就带上了"靡靡"味

[1]　中国最早的文人词集，主要记载了后蜀词人的词。

道：不求名贵，只求细腻与精致：这就不难理解乐山最富盛名的民间艺术，乃是琳琅满目、极尽工巧之能事[1]同时又不成系统的小吃了。

乐山的小吃是如此的闻名遐迩，令人念则动指、闻则生津[2]：西坝豆腐、钵钵鸡、乐山烧烤、牛华豆腐脑、甜皮鸭……在乐山街头，同一样小吃，你可以尝到迥然不同但又各擅胜场的美味，这一妙趣，我想也许只有巴黎街头林林总总的香水可以媲美。从细微处看智慧，乐山人在靡靡闲适中隐藏着可怕的灵，难以捕捉但流光溢彩。

[1] 意思是，尽可能发挥出所有的技艺和才能，做到最好或最完美。
[2] 意思是，一想到美食就动手指，一闻到美食就流口水。

超纲词

名贵 | míngguì
famous and precious

细腻 | xìnì
exquisite

盛名 | shèngmíng
fame, great reputation

琳琅满目 | línláng-mǎnmù
a feast for the eyes

闻名遐迩 | wénmíng-xiáěr
to enjoy widespread renown

迥然 | jiǒngrán
far apart

各擅胜场 | gèshàn-shèngchǎng
each excels in their own field

林林总总 | línlínzǒngzǒng
in great abundance

媲美 | pìměi
to compare favourably with

细微 | xìwēi
subtlety

捕捉 | bǔzhuō
to grasp

流光溢彩 | liúguāng-yìcǎi
bright and colourful

　　这不由让我想起了那位生长于嘉州城，才冠古今的东坡居士来。众所周知，东坡先生喜好佳肴，自己就是一位顶好顶好的厨师，对于普通老百姓而言，东坡鱼和东坡肘子存在的意义不比"大江东去浪淘尽"逊色多少。创这两道菜时，东坡先生正在杭州做刺史[1]，所以菜肴不但有川菜的辛香，更吸收了江浙菜清淡素雅的好处，鱼则鲜上加鲜，肘子则肥而不腻，可谓是东坡先生闲适时候的神来之笔。

　　一方水土养一方人[2]，虽说恋土恋家的乐山人一旦离开家乡外出求索，往往展现出无比强大的灵动聪慧，但在乐山城，就尽情的闲适吧。

[1]　中国古代地方官名。
[2]　意思是，由于环境不同，导致人们的思想观念和文化特征也不同。

一、根据文章判断正误。

（　　　）1. 要想在四川生活必须从头开始学起。

（　　　）2. 成都的茶馆非常多。

（　　　）3. 乐山的名字和洛阳一样来源于一个有名的地方。

（　　　）4. 乐山人有很多钞票。

（　　　）5. 乐山的小吃举世闻名。

二、根据文章选择正确答案。

1. 成都人是怎么喝茶的？ _____

　　A. 喝大碗茶　　　　B. 喝功夫茶　　　　C. 喝早茶　　　　D. 喝雅茶

2. 关于成都，下列说法正确的是 _____。

　　A. 成都人不喜欢吃辣　　　　　　　B. 成都的大街小巷有很多饭店和餐馆

　　C. 做生意的成都人竞争非常激烈　　D. 成都人特别勤劳

3. 秦观的词"自在飞花轻似梦"说的是哪里？ _____

　　A. 成都　　　　　　B. 乐山　　　　　　C. 洛阳　　　　　　D. 苏州

4. 关于乐山人，下列说法正确的是 _____。

　　A. 乐山人的生活自由自在　　　　　B. 乐山人喜欢赚钱

　　C. 乐山人喜欢写作　　　　　　　　D. 乐山人都很轻

三、思考与讨论。

1. 关于成都，为什么作者说"我喜欢这座城市，又害怕这座城市"？

2. 作者说的"靡靡的闲适"是什么样的生活状态？

141

第十五章

黑龙江

超纲词

纬度 | wěidù
latitude

黑龙江，简称"黑"，位于中国东北部，是中国位置最北、纬度最高的省份。黑龙江的地貌特征为"五山一水一草三分田"，是中国重工业基地、沿边开放的重要窗口。

哈尔滨，别称"冰城"，是国际著名的冰雪文化和冰雪旅游城市，素有"东方莫斯科"和"东方小巴黎"之美称。

水墨丹青[1]哈尔滨

迟子建

没来过哈尔滨的朋友，征询我什么季节来这里好时，我总是回答：冬天！

是啊，哈尔滨号称"冰城"，如果不看银装素裹的她，那等于没有见到这位佳人最美的一面，令人遗憾。

关于"哈尔滨"地名的由来，存在着多种说法。有人说这是由满语"晒渔网"衍生而来的，还有人说是蒙语"平地"之意。而俄国人认为，"哈尔滨"是通古斯语，指"渡口"。

不管哪一种说法，都可以看出，哈尔滨最初的人间烟火，是游猎民族生起的。这样的烟火，野性，蓬勃，妖娆，生生不息！

如果让我给哈尔滨这张名片打上几个关键词的话，我会写：冰雪、教堂、步行街、啤酒、列巴[2]红肠[3]。

在中国，最适宜过圣诞节的城市，莫过于哈尔滨。十二月下旬，通常是这里雪下得最大的时候。此时，太阳岛的冰雪博览会开幕在即，冬泳比赛如火如荼。你来到哈尔滨，一定要记得穿上羽绒服，这样，才能抵御零下二三十摄氏度的

---

[1] 红色和青色的颜料，借指绘画。
[2] 俄罗斯的一种大面包。
[3] 原产于俄罗斯，用猪肉、淀粉、大蒜等材料加工制作的香肠。

超纲词

征询 | zhēngxún
to consult

号称 | hàochēng
to be known as

银装素裹 | yínzhuāng-sùguǒ
to be covered with snow

佳人 | jiārén
beauty

由来 | yóulái
cause, source

衍生 | yǎnshēng
to derive

渡口 | dùkǒu
ferry crossing

烟火 | yānhuǒ
smoke and fire

游猎 | yóuliè
to go hunting

野性 | yěxìng
wild nature

蓬勃 | péngbó
vigorous, flourishing

妖娆 | yāoráo
enchanting

生生不息 | shēngshēngbùxī
everlasting

适宜 | shìyí
suitable

莫过于 | mòguòyú
nothing or nobody exceeds

下旬 | xiàxún
last ten days of a month

如火如荼 | rúhuǒ-rútú
like a raging fire

抵御 | dǐyù
to resist, to withstand

摄氏度 | shèshìdù
degrees Celsius

严寒。夜晚的冰雪大世界灯火璀璨，晶莹剔透的冰墙与飞旋的光束，构筑了一个人间的水晶世界。当你在黑夜里，乘着雪爬犁[1]在冰道上飞驰时，看着眼前摇曳的五彩光影，会有在天宫的逍遥感。玩久了，如果你不胜严寒，牙齿打战，手足发木，完全可以在雪地上，和着热烈的音乐节拍，跳起欢快的舞蹈。当然，你也可以推开江北那些裹着毛毡的小酒店的门，与三两朋友，要上一壶烧酒、一盆热气腾腾的酸菜白肉[2]，温润肺腑，畅叙友情。

[1] 用木头杆子做成的一种架子形的工具，可以在雪地上飞快地行走。
[2] 一道常见的东北菜，主要以酸菜和猪肉为材料制作。

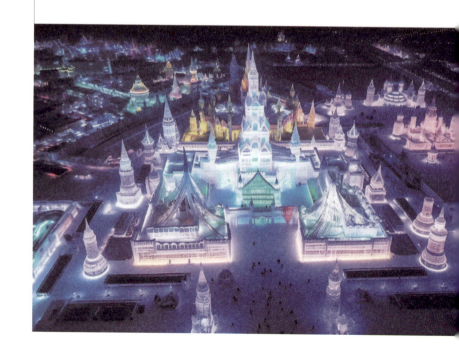

有着百年历史的中央大街，是条步行街，由花岗石铺就，大约三里长。虽然在商业成为霸主的那几年，街两侧的一些老建筑死于非命，但保存下来的欧式建筑，还是很多。所以有人说，走在中央大街，其实就是行走在建筑艺术博物馆里。在这条街上，你可以看见老的松浦洋行，它是这条街上巴洛克[1]风格的标志性建筑；而声名远播的马迭尔旅馆，张扬的则是新艺术运动的精神，简洁优雅，典雅灵动。如今的妇女儿童用品商店，是旧时的协和银行，从它身上，你可以体味文艺复兴时期的建筑风格。你在这条街上走累了，冬天的时候，可以到华梅西餐厅和马迭尔旅馆要上一杯热咖

[1] 指17—18世纪在欧洲盛行的一种建筑和装饰风格。

本级词

用品 | yòngpǐn
articles for use

超纲词

花岗石 | huāgāngshí
granite

霸主 | bàzhǔ
overlord

死于非命 | sǐyúfēimìng
to die a violent death

声名远播 | shēngmíng-yuǎnbō
to enjoy a widespread reputation

张扬 | zhāngyáng
to make widely known

简洁 | jiǎnjié
concise

典雅 | diǎnyǎ
elegant

啡，舒缓筋骨；夏季时，则可以在街角的露天食肆买上一瓶冰镇啤酒，痛饮一番。哈尔滨啤酒，清冽，回味绵长，是盛夏时节哈尔滨人不可或缺的"甘霖"。

哈尔滨的教堂很多，最著名的，是位于透笼街的圣·索菲亚大教堂，此外还有东大直街上的圣母守护教堂、尼埃拉依教堂，以及士课街的天主教堂。这些教堂宛如一盏盏神灯，照耀着尘世中疲惫的旅人。

除了冬天，凉爽宜人的哈尔滨之夏也是迷人的。这时节，很多人家都喜欢在周末时去太阳岛野餐。秋林公司俄式风格的列巴红肠，是野餐必带的食品。列巴，也就是大面包，是用啤酒花做酵母，用白桦木熏烤的，外焦里嫩。而力

道斯红肠，肥而不腻，是下酒的好菜。

当然，历史上，哈尔滨也有其沉重惨烈的一面。参观一下东北烈士纪念馆和位于平房的七三一细菌部队遗址，会帮你重温这片土地曾有的壮怀激烈的抗日情怀，以及漫漫长夜中的血雨腥风。你也许会明白，为什么这片土地的夕阳，会浓烈如血。

哈尔滨的四季风景，不管怎么变幻，总有着抹不去的清丽，脱不去的庄严！我总觉得，白山黑水间的它，无论在哪个季节，呈现给世人的，都是一幅幅耐人寻味的水墨丹青画。它不以浓艳和华丽吸引人的眼球，而是以经久的淡雅和素朴示人。这样的美，恰如飞雪，满目灿烂，永不凋零！

超纲词

宜居 | yíjū
livable

定居 | dìngjū
to settle down

开垦 | kāikěn
to open up (wasteland, etc.)

处女地 | chǔnǚdì
uncultivated land

荒原 | huāngyuán
wilderness

铧犁 | huálí
ploughshare

前身 | qiánshēn
predecessor

大庆，著名的石油工业城市，有着"绿色油化之都、天然百湖之城、北国温泉之乡"的美誉，是现代宜居的生态城市。

萨尔图落日

迟子建

19世纪末，随着中东铁路的修建，萨尔图站出现了。萨尔图，是蒙古语"有月亮的地方"之意。在此之前，萨尔图只是清朝[1]蒙旗杜尔伯特的游猎地，没有定居的村庄，这一带也就成了一片未被开垦过的处女地。所以从某种意义来说，铁路是这片荒原的铧犁。

萨尔图，就是大庆的前身。如今，它是大庆最大的一个区。如果你是外地人，来大庆旅行，听到同乘的旅客说，快

[1] 清朝（1616年—1912年），是中国历史上最后一个封建王朝。

到萨尔图了，你完全可以收拾行囊，做下车的准备了。这个老地名，在这一带人的心目中，根深蒂固。看来沾染了日月精气的名字，永不陨落。

大庆名字的由来，相信共和国成立后的人都会知道的。1955年，松辽石油勘探局在安达一带进行石油资源的勘探，发现油田，开始了开采。1959年9月，共和国十周年庆典前夕，钻井喷油了，因而这个新兴的石油城就被命名为"大庆"市。铁人王进喜[1]的故事，也由此家喻户晓。

从"工业学大庆，农业学大寨"的口号中，我们可以知道那个年代的大庆是风光无限的，来大庆取经的人络绎不绝。石油是重要的资源，被称为"液体黄金"，可以说，是大庆为新中国前进的马达，注入了最强劲的动力。从这个意义来说，这是一座可以彪炳青史的城市。

---

[1] 王进喜是一名石油工人，因为用自己的身体阻挡井喷而被称为"铁人"。

当你接近大庆的时候，最显著的特征，就是可以看见竖立在油田上的那一棵棵"采油树"，工人们叫它"磕头机"，因为它循环反复地顿着头。它这姿态，很像哲学家，不断地向大地发出诘问。

石油的重要性，我们从两伊战争、从美国对伊拉克的战争中可以清晰地看到。为了占有石油，这两年，一些发达国家甚至把触角伸向了南极，据说那儿的石油储量相当可观。石油是不可再生的资源，所以从2002年开始，国家对大庆石油的开采量开始调减，这也使大庆正经历着一个艰难的转型期。不过，大庆除了石油之外，还有丰富的天然气。他们的经济，因为得天独厚的资源优势，仍然处在前列。

大庆的城市建设比较"大手笔"，马路宽，广场多，房屋之间的间距大。在那儿，很少会看到其他城市常有的塞车情形。所以来到大庆，你会觉得天高地阔，没有压迫感。

我去大庆的次数较多，是因为公公曾住在那儿。我和爱人常常会在假日时聚在一起，从哈尔滨出发，去看望老人。哈尔滨到大庆区之间运行的列车较多，我们通常是下午去，住一夜后，第二天傍晚再返回。所以来去的路上，常常会看到落日的情景。北方荒原的落日，无论冬夏，总是带着股凌厉的气势，它沉沦的时候，不是蔫头蔫脑、无精打采的，它大概知道那是它在人间最后的舞蹈了，所以把通身的光华都爆发出来了，落得朝气蓬勃、激情澎湃的，带着一股豪情，欣然与黑暗赴约！通常是，它那金灿灿的光芒穿透了列车的玻璃，让车厢里流光溢彩。我们沐浴着暖融融的夕照，就仿佛泡在蜜中一样。六年前，公公在大庆去世，我和爱人一起送走了老人家。而仅仅过了两个多月，我又在故乡，永久地送走了爱人。从此后，荒原上的落日，就深深地埋藏在了我心底。那不朽的落日，宛如熊熊燃烧的火炬，照亮了我最美的岁月。

一、根据文章判断正误。

（　　）1. 冬天是去哈尔滨最好的季节。

（　　）2. 哈尔滨中央大街上的建筑风格很多。

（　　）3. 夜晚的冰雪大世界美得好像天上的宫殿一样。

（　　）4. "大庆"这个名字的由来是发现了油田。

（　　）5. 大庆的落日朝气蓬勃，带着一股豪情。

（　　）6. 在大庆，经常有堵车的情况出现。

二、根据文章选择正确答案。

1. 被称为"冰城"的是下面哪座城市？ ＿＿＿＿＿＿＿

A. 哈尔滨　　　　B. 青岛　　　　C. 延吉　　　　D. 北京

2. 如果冬天去哈尔滨，你可以做什么？ ＿＿＿＿＿＿＿

A. 吃好吃的海鲜粥

B. 一边看五彩的灯一边滑冰

C. 和几个朋友一起"烤太阳"

D. 一边吃着烤鸭一边看落日

3. 下列哪一项不属于哈尔滨的美食名片？ ＿＿＿＿＿＿＿

A. 啤酒　　　　B. 列巴　　　　C. 红肠　　　　D. 茶叶

4. 下列哪一项不属于大庆的城市建设的特点？ ＿＿＿＿＿＿＿

A. 高楼林立　　　　　　　　B. 广场多

C. 马路宽　　　　　　　　　D. 房屋之间的距离大

152

三、思考与讨论。

1. 作者给<u>哈尔滨</u>这张名片写了几个关键词：冰雪、教堂、步行街、列巴、红肠。如果你去<u>哈尔滨</u>，最想去体验哪一项呢？

2. 有<u>些</u>城市以浓艳华丽吸引人，而四季的<u>哈尔滨</u>都是一幅幅水墨画，请你说说更喜欢哪种城市？为什么？

3. 在<u>大庆</u>看见的"采油树""磕头机"，是什么？

4. 你知道"铁人"<u>王进喜</u>的故事吗？可以上网搜一搜，给大家分享一下。

练习参考答案

1 云南

一、1. ×   2. ×   3. ×
　　4. √   5. ×   6. √

二、1. C   2. B   3. C   4. C

三、略

2 广西

一、1. ×   2. ×   3. ×
　　4. √   5. ×   6. √

二、1. C   2. D   3. C   4. C

三、略

3 广东

一、1. √   2. √   3. ×
　　4. √   5. √

二、1. B   2. A   3. B   4. B

三、略

4 江西

一、E→B→D→A→C→F

二、1. B   2. C   3. B
　　4. A   5. C

三、略

5 重庆

一、1. √   2. √   3. √
　　4. ×   5. √

二、1. B   2. C   3. C   4. D

三、略

6 贵州

一、1. √   2. ×   3. ×
　　4. √   5. ×   6. ×

二、1. A   2. B F   3. A   4. D

三、略

7 福建

一、1. √   2. √   3. ×
　　4. ×   5. ×

二、1. B   2. B   3. B   4. D

三、略

8 安徽

一、1. √   2. √   3. √
　　4. ×   5. ×

二、1. D   2. A   3. C
　　4. B   5. B

9 河南

一、1. ×   2. ×   3. √
　　4. ×   5. √

二、1. C   2. B   3. C
　　4. C   5. A

三、略

10 江苏

一、1. ×   2. ×   3. √
　　4. √   5. √

二、1. B   2. D   3. C   4. B

三、略

11 浙江

一、E→B→F→C→A→D

二、1. A   2. B   3. D
　　4. C   5. C   6. C

三、略

12 内蒙古

一、1. ×   2. ×   3. √
　　4. √   5. ×

二、

呼和浩特　　　　有鹿的地方

包头　　　　　　很多宫殿

海拉尔　　　　　五个大土堆

塔布土拉罕　　　青色的城

鄂尔多斯　　　　流下来的水

三、略

13 山东

一、孔林　　　　收藏孔子周游列国的画石

奎文阁　　　　孔子和他的子孙的陵墓

杏坛　　　　　供奉孔子像

圣迹殿　　　　收藏书籍的阁楼

大成殿　　　　传说是孔子讲学的地方

二、1. √　　　2. ×　　　3. √

4. ×　　　5. √　　　6. ×

三、1. C　　　2. A　　　3. B

四、略

14 四川

一、1. √　　　2. √　　　3. ×

4. ×　　　5. √

二、1. D　　　2. B　　　3. B　　　4. A

三、略

15 黑龙江

一、1. √　　　2. √　　　3. √

4. √　　　5. √　　　6. ×

二、1. A　　　2. B　　　3. D　　　4. A

三、略

词汇表

157

J

图书在版编目（CIP）数据

游历神州 / 陆嘉辰编 . -- 上海：上海外语教育出
版社，2024. -- (阅读中国·外教社中文分级系列读物 /
程爱民总主编). -- ISBN 978-7-5446-8045-5

Ⅰ. H195.5

中国国家版本馆CIP数据核字第20248L4B85号

本书部分文字作品著作权由中国文字著作权协会授权，电话：010-65978917，
传真：010-65978926，E-mail: wenzhuxie@126.com。

出版发行：**上海外语教育出版社**

（上海外国语大学内） 邮编：200083

电　　话：021-65425300 (总机)

电子邮箱：bookinfo@sflep.com.cn

网　　址：http://www.sflep.com

责任编辑：蔡燕萍

印　　刷：绍兴新华数码印刷技术有限公司

开　　本：787×1092 1/16　印张 12　字数 195 千字

版　　次：2025 年 4 月第 1 版　2025 年 4 月第 1 次印刷

书　　号：ISBN 978-7-5446-8045-5

定　　价：59.00 元

本版图书如有印装质量问题，可向本社调换

质量服务热线：4008-213-263